夏金华 ◎ 主编

佛教与儒家礼仪论集

第一辑

上海社会科学院出版社
SHANGHAI ACADEMY OF SOCIAL SCIENCES PRESS

序　言

　　礼仪，是人类精神文明长期发展与演变的产物。它既是人们日常交流不可缺少的工具，也是村落、族群、团体、国家之间往来的规则与约定。其形式与内容复杂多样，可以通过语言、文字、画面，甚至肢体的动作来完成，体现了世界不同国家和地区、不同的社会形态与风俗习惯，以及发展程度的差异，反映在政治、经济、文化、宗教等各个层面，呈现出各具特色的精神面貌。

　　一般情况下，尤其是在交通极不发达的远古时代，礼仪基本是在各个族群中独立发展的，彼此之间的影响较少。随着使用先进生产工具，提高了生产力，除了果腹之外，生活资料有了盈余。于是，物物交换或馈赠便成为可能。由于人们的交往多了，出于社会联系中公平的需要，作为彼此之间遵守的规则与约定的礼仪便出现了。礼之原意，即是礼物。"礼尚往来"也保留着礼物交流的意思。法国社会学家马塞尔·毛斯（Marcel Mauss, 1872—1950）从中发现了人际关系的结构。就我国古代来说，夏朝、商代即已有了文明，到了周朝，便形成了精致完整的一套典章制度，其中即包括丰富的礼仪文化。进入春秋时期，礼又被加以强调，《左传》里提到"礼"字达462次之多！而《礼记·礼运》所说："夫礼，必本于大一，分而为天地，转而为阴阳，变而为四时，列而为鬼神。"更是将"礼"上升到了哲学的高度，对礼之价值有了更进一步的阐释。所以，即以"礼尚往来"为例，它不仅仅体现为经济内容，也是沟通人际关系、人与神之间的媒介，尤其是后者的作用，对于人们精神层面的影响更为巨大。

《仪礼》《周礼》与《礼记》并称"三礼"，是记载古代儒家礼仪的重要经典。尽管其成书的年代尚有争议、说法不一，但其书中的内容已广泛存在于西周，甚至商朝的甲骨文、钟鼎文里了。后世儒家对此进行总结、整理，加以完善，成为制度化，从而形成了号称"礼仪三百，威仪三千"的庞大系统。他们将此系统的礼仪制度划分为吉礼、凶礼、宾礼、军礼、嘉礼五大类，涵盖了朝廷、地方的官方典礼、政治活动,以及人们日常的交际等许多方面,史称"五礼"。礼仪至汉代更是达到了一个高峰,当时的都城长安成为中心。后世因时事更易,日渐衰落,特别是三国交战,加之"五胡乱华"之后,长安丘墟,礼崩乐坏,成为儒家学说走向式微的重要原因之一。

值得注意的是,在儒家"礼崩乐坏"之时,作为其间大肆传入中国的佛教,却一再将古代的礼乐文化加以搜集、消化、吸收,乃至创新,融入印度佛教的梵呗中去,成为其教化芸芸众生的有力武器。例如,兴起于南北朝梁代的"水陆仪轨",即是这种融汇了梵、汉两种文化特征的超度仪式,其中有礼、有乐,还有画面、声音相配合,让人身临其境,展现了卓有成效的感染力。再像寺院里日常的早晚功课,也是礼、乐交融的产物,其中的九种跪拜礼,即源于《周礼》一书中的《春官·大祝》。所以,宋代的二程、司马光在游览了寺院之后,不得不感叹"三代礼乐尽在其中""三代礼乐在缁衣中"了。

这就是佛教中国化的一部分。上文提到的"水陆仪轨"中的仪轨,也有称之为"礼仪"或"仪礼"的,在古代印度有时也与僧团的行事制度相交叉,比如布萨、安居、自恣,或出家、受戒、诵戒等。但在我国,一般以具体的法事仪式来体现,与佛教梵呗的制作、发展、演变密切结合,具有鲜明的本土特色。如南北朝以来的放生、祈雨、行像、八关斋戒、盂兰盆会、慈悲道场忏法、丧葬仪式等，数不胜数，其中相互关系的复杂性，涉及中国文化、本土风俗习惯、民众心理，以及佛教教义等各个方面，远非三言两语能说得清楚，需要时间潜心研究，才能正本清源、理清脉络，展示其内在发展变化的深刻轨迹，贡献给学界，呈现在读者面前。

本书选编了2015年5月30日上海社会科学院哲学研究所中国哲学研究室主办的"第二届曹王禅寺佛教与儒家礼仪论坛"的相关论文，又融合我国台湾地区教界大德、学者的佳作，因缘际会，殊途同归。其中既有对某种佛教礼仪的特别解读，也有对儒家礼乐的深入探讨；既有推陈出新、关注现实之作，也有重在礼仪传承意义的论述；还有对《易经》中礼仪论说之挖掘；等等。虽然篇数不多，但涉及面广，内容丰富，符合我们的预期。

这里，要特别感谢上海曹王禅寺的大力支持，住持曙红法师独具慧眼，选择了"佛教与儒家礼仪"这样一个对于现代中国转型社会格外有现实意义的题目，作为长期专门研究之主题。脚踏实地，深入下去，持之以恒，相信未来的收获，是可以期待的。

是为序。

夏金华

目 录

序言 夏金华 1

瑜伽焰口的意义及其仪轨之集成 释了中 1

汉传佛教的派辈及其礼制成因 陈建华 22

阿尾奢法——内外缘的考察 李建弘 40

论"礼崩乐坏"是儒学走向衰落的重要原因
　　——兼以佛教礼乐的发展进程为例 夏金华 83

音声入道
　　——《高僧传》唱诵思想研究 刘　翔 106

华土佛教文献中的世俗内容与儒道思想 严耀中 126

《儒行》的现代意义：如何做一个现代知识分子

　　　　　　　　　　　　　　　　　　　　　李尚全　141

佛教礼仪中国化及其传承意义略论　　　　　唐忠毛　157

论儒家仪礼思想的内在本质

　　——以《春秋》为核心　　　　　　　　张志宏　167

《周易》古礼研究的若干问题　　　　　　　张　朋　180

瑜伽焰口的意义及其仪轨之集成

释了中

摘要：明清以降，上至皇都宫内，下至民间乡村，无一处不知佛教中有瑜伽焰口之佛事，所谓"觉皇密语壮皇都，大阐宗风何处无"，良有以也。焰口是六道中的饿鬼道，因饿鬼常受饥渴之苦，故佛典中有多种救度饿鬼的施食法门。其中以身、口、意三密相应，加持净食而施食饿鬼的修持方法，名曰"瑜伽焰口"。然而，关于瑜伽焰口之意义及其仪轨之源流，知之者甚少，若知之而后行之，则益增胜功德，不可思议也。本文通过爬梳瑜伽焰口的相关文献，详细阐明瑜伽焰口的意义，厘清其仪轨的起源与演变。

关键词：瑜伽焰口；意义；仪轨

一

二〇一一年，中国台湾地区善导寺启建百日瑜伽焰口活动。法事隆盛，出乎意料殊胜，为应大众所请，连续举行，功德周隆，年胜一年，当然这与焰口佛事盛行于民间有关。所谓"觉皇密语壮皇都，大阐宗风何处无"？明清以来，上至皇都宫内，下至民间乡村，无一处不知佛教中有焰口之佛事。然而焰口佛事之起源及其演变，知之者不多，若知之而后行之，则益增胜功德，不可思议也。

二

焰口是六道中的饿鬼道，佛法上所说饿鬼与俗说人死为鬼是不同的。人死后未投生前在佛法上名"中阴"，亦名"中有"，即俗说的灵魂。饿鬼与地狱、畜生合称三恶道，由于生前造了重大的恶行，死后遂入三恶道中受苦。

饿鬼道最大的痛苦是常受饥渴之苦。佛经中解说饿鬼道有三类：无财鬼、少财鬼、多财鬼，而无财鬼又有三类：（1）焰口：饮食入口，立即化为火焰。（2）针口：咽喉如针锋之细，不能饮食。（3）臭口：口内腐烂发臭，无法饮食。总之，饿鬼因罪业所感,虽然腹内饥渴,而口不能饮食,常受饥渴极苦。如《正法念处经》卷十六《饿鬼品》云:"如是恶人,身坏命终,受于针口,饿鬼之身。受鬼身已,自业诳惑,所受之身,口如针孔,腹如大山,常怀忧恼,为饥渴火,焚烧其身,受诸内苦。外有寒热,蚊虻恶虫,热病恼等,如是身心,受种种苦。"①

焰口,在唐实叉难陀三藏所译《佛说救面然饿鬼陀罗尼神咒经》中说名"面然",如经云:"尔时阿难,独居净处,一心计念,即于其夜,三更之后,见一饿鬼,名曰面然。"②不论名"焰口"或名"面然",都是饿鬼道中最苦的一类,因为常受饥饿、干渴之苦,故而变现出丑陋身形,如《修习瑜伽集要施食坛仪》卷上缘起文说:"阿难尊者,林间习定,夜见鬼王,口吐火焰,顶发烟生,身形丑恶,肢节如破车之声,饥火交然,咽喉似针锋之细,见斯怪异,问是何名,答曰面然。"因为饿鬼常受饥渴之苦,因此佛经中有多种救拔饿鬼的施食法门。如《盂兰盆经》记载,佛开示目连尊者:"十方众僧于七月十五日僧自恣时,当为七世父母及现在父母厄难中者,具饭、百味五果、汲灌盆器、香油、锭烛、床敷卧具、尽世甘美,以着盆中,供养十方大德、众僧。当此之日,一切圣众或在山间禅定,或得四道果,或树下经

---

① 参见《大正藏》第17册,第93页上。
② 参见《大正藏》第21册,第464页中。

行；或六通自在，教化声闻、缘觉；或十地菩萨大人权现比丘，在大众中；皆同一心，受钵和罗饭，具清净戒圣众之道，其德汪洋，其有供养此等自恣僧者，现在父母、七世父母、六种亲属得出三途之苦，应时解脱，衣食自然。若复有人父母现在者，福乐百年；若已亡七世父母，生天，自在化生，入天华光，受无量快乐。时佛敕十方众僧，皆先为施主家咒愿，七世父母行禅定意，然后受食。初受盆时，先安在佛塔前，众僧咒愿竟，便自受食。"① 以求解脱。而在救度饿鬼的施食法门中，以身、口、意三密相应，加持净食而施食饿鬼的修持法，名"瑜伽焰口"。三密是身、口、意三业，行者在修持时，手结密印，口诵真言（陀罗尼），意作观想。要身与口协，口与意符，意与身会，身、口、意三业融会契合，相应不离而能发出力量。以此力量加持饮食，施食饿鬼，能救拔饿鬼之苦，这是瑜伽焰口的意义。

三

瑜伽焰口的经典依据，在藏经中有二译本：一是唐实叉难陀三藏译的《佛说救面然饿鬼陀罗尼神咒经》，二是唐不空三藏译

---

① 参见《大正藏》第16册，第779页中。

的《佛说救拔焰口饿鬼陀罗尼经》。这两部经是同本异译，因此启教因缘相同。其因缘是：佛在迦毗罗城尼俱律那僧伽蓝所，为诸比丘及诸菩萨等宣说法要。其时，阿难尊者独居静处，一心思惟，佛所说法。至夜三更，见一饿鬼，名曰焰口（实叉难陀译本名"面然"），身体枯瘦，口中火然，甚可怖畏，对阿难说：三日后汝命将尽，便生饿鬼道中。阿难心生惶怖，急至佛所，请求脱苦法门。佛为阿难说无量威德自在光明殊胜妙力陀罗尼，诵之能救饿鬼苦，更能增长福寿。诵持陀罗尼，不限何时，于一切时悉无障碍。先取净器，盛以净水，置少许饭麨及诸饼食等，右手按器，诵陀罗尼七遍；然后称多宝、妙色身、广博身、离怖畏四如来名号，取食器中饮食散撒地上，能救拔饿鬼饥渴之苦。若施婆罗门仙，则诵此陀罗尼二七遍，投饮食于净流水中。若诵三七遍，奉献三宝，则成上味，供养十方三宝。

这是"瑜伽焰口施食"的经典依据，也是最早汉译的两部救拔焰口饿鬼的陀罗尼经，都是译自唐代，依经中所说：

（1）所谓无量威德自在光明殊胜妙力陀罗尼，即是变食真言，而此真言是佛于前世受之于观世音菩萨所。变食真言在汉传佛教唱诵仪中广为运用，凡奉献饮食，都诵持之。因为所供对象众多，而所施饮食少许（少至七粒米），因此诵变食真言，能变饮食充满十方，无有穷尽，受施者各各充满。

（2）施食饿鬼，或婆罗门仙及供养三宝，不限时辰，一切时都无障碍，并不限于下午或夜晚所谓戌、亥二时。

（3）施食时作法简单，以右手按食物之净器，诵陀罗尼七遍，然后称多宝等四如来名号，称名后撒食物于净地，能令饿鬼饱满而脱苦。

（4）不空三藏另译有《施诸饿鬼饮食及水法并手印》及《瑜伽集要救阿难陀罗尼焰口轨仪经》(均见《大正藏》第21册)。其中教示修习瑜伽的施食法，历代大德依此繁衍、纂集，编撰而成现今流通之《瑜伽焰口施食仪轨》。

四

密教经典，早于魏晋之时即已传入东土，唯初期多属密咒真言（陀罗尼）。其时中外弘化大德，颇多"明解咒术，所向皆验"，如佛图澄、昙无谶等人，都能"善诵神咒，役使鬼物"。咒术的功用，几乎无所不能，诸如息灾降福，治病除害，驱鬼役神，占卜星象等，这些坛法咒语，通称"杂密"。

唐玄宗开元四年（716），善无畏东来，译出《大日经》，传胎藏界。四年后，金刚智偕不空入长安，译《金刚顶经》，传金刚界。其后不空更译出密典百余部，密教进入"纯密"时期，东土始有完备的密教。但是自会昌法难（841—846）后，寺院遭毁，经籍散佚，唐末乱离，各宗衰微，密教尤甚，仪轨作法，传承失绪。因此现今流通之瑜伽焰口施食的仪轨、作法、唱诵等，都是元、明、清历代诸德，依显密教典，多次编纂而成。

唐代的瑜伽焰口施食仪轨，藏经中有不空三藏所译《瑜伽集要救阿难陀罗尼焰口轨仪经》一卷，经中所示仪轨及瑜伽行法大致如下：

（一）主法资格：凡欲行施食之法，须依瑜伽甚深三昧阿阇黎法，学发无上大菩提心，受三昧耶戒，入大曼拏罗得灌顶者，并受大毗卢遮那如来五智灌顶，绍阿阇黎位，方可主修此法。

（二）建坛结界：选择净地，如宁静园林，精华大舍，或堂舍亦可。周围悬以缯彩幡盖，备置香花灯涂，建三昧耶坛，坛面向东（印度以东向阳，故右尊左卑）。入坛诸人，香汤洗浴，并着新净衣，严整威仪，作礼三拜，面东胡跪，手执香炉，作法启请曰："启告十方，一切诸佛，……身常清净，证无上道"，要作白三次。这段文在现行焰口本中编列在中间，不在开始。

（三）手印真言：《轨仪经》中之手印真言，都是从现行本的下半部开始，也就是说现行本上卷之手印真言，都不见于《轨仪

经》中,其行法次第如下:

（1）开地狱印与真言。

（2）召请饿鬼印与真言。

（3）召罪印与真言。

（4）摧罪印与真言。

（5）定业印与真言。

（6）忏悔灭罪印与真言。

（7）妙色身如来施甘露印与真言。

（8）开咽喉印与真言。

（9）称七如来名号（不结手印亦不诵真言）。

（10）归命三宝（不结手印亦不诵真言）。

（11）发菩提心印与真言。

（12）受三昧耶戒印与真言。

（13）无量威德自在光明如来印与真言。

（14）乳海印与真言（结印同前）。

（15）普供养印与真言。

（16）奉送印与真言。

奉送印后,有佛告阿难的流通文,赞叹修持此仪轨的功德,劝人如法修行,广宣流布,因此虽然是仪轨,实则是经文的体式。

（四）施食时间：瑜伽施食作法，不仅施食饿鬼，亦可供养诸佛菩萨、无量圣贤、诸天明王、一切有情之类。但是作法时间不同：（1）若供养诸佛圣众及诸天明王，应于五更晨朝至日出时。（2）若布施鸟、兽、水族之类，不拣时间，随时都可。（3）若作饿鬼施食之法，应于亥时（夜晚九时至十一时）；若于斋时（自天明至正午之间，为僧众用斋之时），施食饿鬼，饿鬼不得食，徒设功劳，终无效也。（4）施食的水米食物，应泻于净地，或大石上，或河流江海中；但是不得泻于石榴、桃树之下，因鬼神惧怕而不得食之。

五

另在《大正藏》21册中有《瑜伽集要焰口施食仪》一卷，未注编辑者与年代，其内容除集取唐不空《轨仪经》中的印咒外，更增添咒印及其他内容。

（一）印咒的增多：除上述《轨仪经》所列印咒外，更增添：
（1）净手真言（即是现行本中的点净真言），取水涂掌。
（2）大轮明王咒（默念、结手印）。
（3）印现坛仪（结手印、诵真言）。
（4）运心供养（结手印、诵真言）。

（5）三宝施食（结手印、诵真言，即现行本的遣魔印）。

（6）变空咒（结手印）。

（7）奉食印（诵真言）。

（8）入观音定（结手印、诵真言）。

（9）称七如来名号（结手印、诵真言，《轨仪经》只称名号，无手印及真言）。

（10）三宝印（诵真言）。

（11）障施鬼真言（结手印）。

以上十一项咒（真言）印，为唐代《轨仪经》中所无，是这本《瑜伽集要焰口施食仪》所增添的。

（二）其他内容增加：此《施食仪》以："归依金刚上师，皈依佛、皈依法、皈依僧。我今发心，不为自求，……一时同得阿耨多罗三藐三菩提心"为开始，其中增加除前列十一种真言手印外，另增加：三十五佛、普贤行愿偈、尊胜咒、六趣偈、发愿回向偈（共十五条，现行本只有其中第一条、第二条及最后一条）、吉祥偈、金刚萨埵百字明咒、十类孤魂文，最后以"志心信礼，佛陀耶两足尊"的三皈依赞而结束。

（三）集纂年代：这本《瑜伽集要焰口施食仪》虽未注明年代与集纂者，但是其中有收辑宋代不动三藏所集撰的《大忏悔文》，如开始的"皈依金刚上师、皈依佛、皈依法、皈依僧，我今发心，不为自求"，至"一时同得阿耨多罗三藐三菩提心"之文，亦是《大忏悔文》的开始之文（现行课诵本之忏悔文，已将此段删除不用）。又三十五佛后的《普贤行愿偈》从"愿将以此胜功德"，到最后"愿今回向亦如是"十六句，并非《普贤行愿偈》的原文，是不动三藏撰述《大忏悔文》时增添的。

不动三藏，据《新续高僧传》卷一所载，本天竺人，于宋时来西夏银州，栖止护国寺，翻译瑜伽密部经典，传金刚部，故名不动金刚。尝以唐不空所译《三十五佛名经》，前增五十三佛，后缀《普贤十大愿偈》，撰著《大忏悔文》礼忏。后迁四川蒙山，取不空三藏《瑜伽集要焰口轨仪经》，重与并合，编撰《焰口》；又演小施食，号曰《蒙山施食仪》，因以甘露法食施孤，复称甘露法师。不动三藏所编撰之《焰口》，今已佚失，不过，这部《瑜伽集要焰口施食仪》是收集不动三藏的《焰口》部分内容而集成的。

又，近代周叔迦居士在其《瑜伽焰口施食仪》一文中说："现《大藏经》中有《瑜伽集要焰口施食仪》一卷，不著译人。就其中真言译音所用字考之，知是元人译。"[①] 谈玄法师的《瑜伽

---

① 周叔迦：《周叔迦佛学论著全集》（下集），中华书局1991年版，第640页。

焰口考》更说明："现流行之焰口，上卷元朝译文，全是喇嘛咒语。下卷，自《大轮明王咒印》起，方是《瑜伽集要》。"而上卷咒语的译者，他认为是元初译经僧沙啰巴所译。沙啰巴（1259—1314），西域积宁人，依帝师八思巴出家，习诸部灌顶法，善吐蕃音，解诸国文字。后因帝师迦啰思巴荐于元世祖，命译中国未备显密诸经，藏经中现存有其所译经典。沙啰巴善吐蕃音（藏语），而且他从西藏喇嘛八思巴出家，习诸部灌顶法，娴熟喇嘛教咒语，因此，谈玄法师更指明说："焰口上，自《净法界真言》，至先结大轮明王印前，皆喇嘛咒，于中国汉文密典所不载也。案《十二因缘咒》《音乐咒》《百字咒》等，凡喇嘛教佛事，必须之咒语耳！"[1]。如此，瑜伽焰口的咒语，是掺和喇嘛教的咒语汇集而成的，而这部《瑜伽集要焰口施食仪》是依唐不空的《轨仪经》与宋不动三藏的《焰口》，汇聚元沙啰巴的喇嘛咒集纂而成，集纂年代大约在元代中叶。

六

瑜伽焰口的经典与仪轨虽然译自唐代，但是其时焰口施食并

---

[1] 参见《海潮音》第21卷，第9号，第16页。

非为民间作荐亡法事之用，而是修密者每日必行的自修功课，如《蒙山施食仪》是汉传佛寺出家人晚课必修的行仪。因此唐宋之时，焰口的仪轨与唱诵都简朴无华。

元代诸帝信奉喇嘛教，尊喇嘛为帝师。如元世祖忽必烈，奉八思巴为国师，授以玉印，并命创制蒙古文字；而世祖本人在"万机之暇，自持数珠，课诵、施食"。由于藏传密教的盛行，瑜伽焰口不仅内容增益密咒，行仪也渐渐应用于民间，作为荐亡功德的本子。

明代法事兴隆，前未曾有。洪武元年至五年（1368—1372），朝廷相继在南京蒋山设水陆法会，修设之盛，常达数千人，太祖与群臣亲赴法会礼佛。水陆法会，冥阳两利，法会中要设放瑜伽津济焰口五堂。水陆是大型法会，所需人力、财力非常庞大，启建不易；而焰口较为简省，少至七人，多至十余人，即可举行。因此，民间法事，焰口比水陆更为盛行。

焰口虽然是荐亡法事，但是度鬼亦度人，佛法毕竟以人为本，唱诵、行仪、文词都是人在欣赏，因此法事的行仪，必须适应人世间各地不同的习俗而有权宜之变；寺院又有禅、教、净、律与显、密的传承不一，焰口也就各自以意增益，流通多种版本。但是也因此形成杂乱，妄作增减，繁衍丛杂。明末三峰法藏禅师曾经慨叹说：

施食之法，本如来大悲作用，奈世传失旨，竟类俳倡，掺杂歌曲，鄙俚不经，而三观妙体置之不问，吁可悲也！①

据传，明末之时焰口坛仪有三十六种之多，可谓盛矣。云栖莲池大师说："瑜伽施食法，藏有多本，其最初唯佛示阿难陀罗尼一章而已，而教令诵之二十一遍，即今变食真言是也。嗣是则渐增，增而至坊间所称《瑜伽集要》而详矣，尽矣，不可复增矣。"②因此，大师于万历三十四年（1606）重订坛仪，名《修设瑜伽集要施食坛仪》（下称云栖本），并撰《瑜伽施食仪注》，以能行解相应。未几，天启六年（1626），三峰汉月藏禅师，考辨诸本，编订科仪，亦名《修习瑜伽集要施食坛仪》（下称三峰本），分上、下两卷。清初康熙十四年（1675），有巨彻寂暹上座，因诸方坛仪，参差百等，不能一撰，于是编著《瑜伽焰口注集纂要仪轨》（下称巨彻本），亦分上、下两卷。以上三本现存，都收集在《卍续藏经》第104册。综观三本内

---

① 三峰法藏：《于密渗施食旨概》，载于《卍续藏经》第59册，第302页下。
② 云栖袾宏：《瑜伽集要施食仪轨序》，载于《卍续藏经》第59册，第254页上。

容，大同小异，印咒都是相同，只是编列前后顺序不一。而其他奉请文、召请文、叹孤文、发愿回向偈等，各本略有增减不同。

明清之际，焰口流通版本，尚有行法、海上、天机、性澄等诸本，唯至今都已佚散，不过从云栖、三峰、巨彻三种本子来看，修设瑜伽的印咒各本应该没有差别，差别的是其他文词，各家增减不同，随顺世情而参差不一。

康熙三十二年（1693），江宁宝华山定庵德基律师，依云栖诸本，重编施食要集，名《瑜伽焰口施食要集》。其序云："余初至山中（宝华山），留心于此，意在不简不繁，而文义具足，吾宝华每每用焉。"其后乾隆六年（1741），宝华山七祖福聚文海律师因之著《瑜伽补注施食仪观》，成为华山焰口版本。此后三百余年，至今汉传佛教地区，不论海内海外，禅、净、教、律各寺，无不通用《华山本》之焰口。因此，《华山本》成为现今焰口通行的流通本子。

七

在焰口中，最具汉传佛教文化特色的是《召请文》与《叹孤文》，各家版本最大的差别也在于此。兹将现存各本的召请文，对照如下表：

云栖本	三峰本	巨彻本	华山本
无	无	无	以此振铃伸召请，……运心平等法力无边，……秋雨梧桐叶落时，……今夜道场法筵开，……
无	瑶池万仞，金风动而莲上生花；宝阁千层，珠帘卷而云中见佛。初爇名香，初伸召请	花生大地，花长名园，花逢细雨滋开，花被狂风落摆，呜呼！人生如花绽之期，人死如花残之际。初爇名香，初伸召请	金乌似箭，玉兔如梭，想骨肉以分离，音容而何在。初爇名香，初伸召请
无	卢医谩说长生药，扁鹊休夸不死方，日月尚有薄蚀难，为人那个不无常。二爇名香，二伸召请	月明波底，月朗长江，月圆如镜挂当空，月缺似弓张远汉，呜呼！人生如月满之期，人死似月亏之际。二爇名香，二伸召请	远观山有色，近听水无声，春去花还在，人来鸟不惊。二爇名香，二伸召请
无	九江洪波浩渺，九天仙乐来迎，九重光里见如来，九祖先亡生佛界。三爇名香，三伸召请	巫山一段云，楚岫一团雪，名园一株花，瑶台一轮月。呜呼！刹那云散雪销镕，又是花残并月缺。三爇名香，三伸召请	浮生如梦，幻质匪坚，不凭我佛之慈，曷遂超升之路。三爇名香，三伸召请

三伸召请,当斋文后的十二条分别《召请文》,从"累朝帝主"至"饥寒丐者",四种版本完全一样,只是《三峰本》与《华山本》于《召请文》后增添了"稽首皈依雄"赞,而《三峰本》更于赞后添加"南无步部帝哩伽哩哆利怛都也他耶"即《普召请真言》,《华山本》则将此真言编列在初伸召请当斋文之中。

十四条挂金索的《叹孤文》(即《受食文》),四种版本也都相同,文句没有差异,唯《三峰本》于文前有:"觉皇密语壮皇都,大阐宗风何处无?一天佳气弥星斗,万象腾辉耀烛炉。接引四生登九品,提携六道出三途。此时幸遇良宵会,钟磬交如可叹孤"八句七言律诗。《华山本》则于该段上格另以小字标示"修设斋筵,阿难因缘起,救苦观音,示现焦面鬼,念佛宣扬,秘密功德力,拔济孤魂,来受甘露味"等八条,并注"上格唯本山用",不过其他寺院有时亦用上格八条唱慢板。

《焰口》的《召请文》与《叹孤文》,源自《瑜伽集要焰口施食仪》中的"十类孤魂文"改作而成。至于何人所作,一般传为苏东坡,因东坡曾作《水陆法像赞》十六首,而《召请文》是四六骈文对句,《叹孤义》则是四五韵文对句,如此优美而感人的文学作品,必出自大文豪苏东坡之手。其实,该文并非出自某一人的创作,而是集历代作品之佳句编缀成文,如"秋雨梧桐叶落时"是集自白居易的《长恨歌》一诗,原诗上句是"春风桃李花开日",下句则是"秋雨梧桐叶落时"。又如"远观山有色,近听水无声,春去花还在,人来鸟不惊"四句《召请文》,是集自禅宗语录。再如召请"英雄将帅"文中之"将军战马今何在?野草闲花满地愁"是集自《符坚碑阴》(碑后)。原文有四句:"暑往寒来春复秋,西江月下水东流,将军战马今何在?野草闲花满地愁。"所集文句,都是感叹人生如梦如幻,劝人趁早修行,免受轮回之苦。所谓"暑往寒来,不觉无常至;返照回光,早证菩提位"。

《召请文》是以书腔(或用道腔,唯不可用梵腔)吟唱,慢慢吟咏,悲声哀切。听之感人肺腑,令人感悟世事无常,苦空无我,因此《召请文》不仅是上乘的文学作品,更是劝勉醒世的箴言。

附录

记得过去在江浙一带,非丛林的一般寺院,做荐亡佛事焰口时,为应斋主要求,在三伸召请正荐当斋后,又另外增添唱《叹骷髅》《叹七七》《叹十空》等文词,这些虽非瑜伽施食本旨,但为顺世之权巧,亦不妨作度生之方便。兹依记忆所及,记其部分文句如下,愿与喜爱佛教乡土文学者共赏之,亦作为本文的结束语：

1. 《叹骷髅》

白词：

昨日在荒郊野外，见一堆白骨交加，无言无语卧黄沙，日晒风吹雨洒。

在世间争名夺利，死后那能享荣华？三寸气短咬银牙，仰望西江月下！

唱词：

叹骷髅，真可痛！一堆白骨乱蓬松，颠倒南北与西东。皮肉筋骨皆化净，毛发吹得影无踪，有何人行方便，将锄把土动？想当初，百般巧计，到如今，卧守清风。

叹骷髅，泪双流！想起双亲心肝痛，如今无弟亦无兄，鸳鸯拆散恩情断，同胞姊妹不相逢，儿女何曾到灵前把饭供！想当初，三朋四友，到如今，无亲亦无朋。

叹骷髅，是英雄，锦绣文章成何用！六韬三略枉用功，争名夺利总是假，用尽心机一场空，到此时再也不能逞英雄。想当初，十载寒窗苦，到如今，死后不如虫。

叹骷髅，是女流，巧梳妆胭脂美容，钗环首饰何曾用！千娇百媚归地府，莺声燕语唤东风，洞房花烛好似南柯一梦！想当初，穿红戴绿，到如今，埋在泥土中。

到春来，桃李花开，清明寒食节，家家祭祖宗，有何人焚烧纸钱给你用？夏来酷热烈日晒，秋月光辉照在半虚空，冬来风霜寒冰冻。今宵夜，仗佛力，荐拔骷髅出苦海，众骷髅往生净土中。

2.《叹七七》

叹亡灵，别家乡，满堂孝眷哭断肠，前途千般苦，听我话短长。叹亡灵，落泪汪汪。

首七来到鬼门关，关前黑漫漫，崎岖多险境，剑树共刀山。叹亡灵，独自孤单。

二七来到奈河桥，桥有数丈高，善人桥上走，恶人落下桥。叹亡灵，胆碎魂飘。

三七来到滑油山，移步真艰难，山前多毒兽，山后针柴滩。叹亡灵，好不悽惨！

四七来到恶狗庄，恶犬如虎狼，到处无躲避，眼泪落胸膛。叹亡灵，好不悲伤！

五七来到思乡林，鬼怪与妖精，豺狼并虎豹，专把恶人吞。叹亡灵，胆战心惊！

六七来到望乡台，才知无常来，永别儿和女，丢下家中财。叹亡灵，想回家来。

七七来到丰都城，鬼役乱纷纷，牛头马面鬼，拷打罪人身。叹亡灵，忍气吞声。

叹亡灵了悟苦空，人生幻如梦，夜闻三击鼓，晓听五更钟。度亡灵，上往天宫。

3．叹十空

南来北往走西东，堪叹浮生总是空。天也空，地也空，人生渺渺在其中。风云也是空，雪雨也是空，飘飘荡荡影无踪。青山也是空，绿水也是空，水向东流入海中。田地也是空，房屋也是空，盘古到今，换了多少主人翁。金银也是空，钱财也是空，死后何曾一文在手中！夫妻也是空，儿女也是空，大限到来各西东。兄弟也是空，姊妹也是空，黄泉路上不相逢。亲戚也是空，朋友也是空，患难之时无亲朋。功名也是空，富贵也是空，正想荣华寿又终。早走西，暮走东，人生好比采蜜蜂，采得百花成蜜后，辛苦到老一场空。耳听谯楼三更鼓，翻身又到五更钟，一一从头思量起，何不当初拜志公？志公传授《醒世歌》，劝人放下叹十空，世人想成千年事，怎奈成败都是空！

［作者系台湾地区善导寺住持］

汉传佛教的派辈及其礼制成因

陈建华

摘要：印度佛教以及道安（312—385）之前的中国佛教并没有统一姓名的制度，自道安统一释姓之后，随着中国佛教宗派的形成和发展，越祖分灯的禅宗祖师为了门户的建立和徒众的传承而建立起了禅门的派辈制度。明清已降的大量"派辈诗"成为剃度受戒、传法记名的依据，其目的是明确宗派传承和辨别师徒辈分。这是中国宗法制度、伦理纲常在佛教制度上的具体体现，也是中国传统礼制在佛门的有效传承和遗存。

关键词：派辈；派辈诗；礼制

在中国宗法制家族中,姓是血统传承的标志,是不能轻易更改的。在家族姓氏不可改的前提之下,还有严格的按照字派取名字的制度,我们称之为派辈。派辈也称行辈、字辈、行第、班辈、字派、班派,是一个家族中不同辈分之间在名字上彼此区分的特殊用字的集合。字辈的功用是为了分尊卑、别长幼。此处的尊卑并不是指政治地位上的尊卑,而是指家族内部辈分的高下。字辈被编成四言、五言、七言诗,都是由吉利和吉庆的单字组成,带有一定意义、反映一定情怀、体现本家族一定价值取向。派辈使用的明确记载是在宋初,宋太祖赵匡胤在《太祖皇帝玉牒大训》中提出,赵氏族属虽众多,但多数居他邦,导致疏远,"因无统序,昭穆难分,纵然相遇,亦若途人,心实有憾"。于是,在乾德二年(964)下诏,除去已早逝无嗣的兄曹王匡济、弟岐王匡赞之外,余下的自己与晋王光义、魏王光美三支,分为三支派,各立十四字,以别源流,以序昭穆,以达到"朕族无亲疏,世世为缌麻"的目的。太祖赵匡胤派的十四字为:"德惟从世令子伯,师希与孟由宜学";太宗赵光义派的十四字为:"元允宗仲士不善,汝崇必良友季同";魏王赵光美派的十四字为:"德承克叔之公彦,夫时若嗣古光登"。明代是字辈使用相对成熟和规范的时期。按理,字辈的使用,通常是同辈共用一个字,大多在中间,另一个字则自便。而明朝历代皇子的名字，第二代均为单名，"木"字偏旁，这符合朱元璋起名以五行为偏旁的原则；从第三代也就是成祖朱棣之子始，则起双字名，并有字辈，依次为"高瞻祁见佑，厚载翊常由"①，有意思的是第三字仍然以五行为偏旁，按火、土、金、水、木排列，如仁宗高炽、宣宗瞻基、英宗祁镇、宪宗见深、孝宗佑樘。

现在的汉传佛教僧人出家后就使用法名，而法名是由师父按辈分和字派所取，佛教界的这种区分宗派按立辈分的取名制度，显然是受到儒家礼制的影响。印度佛教是在反对种姓制度的基础上成立的，佛陀时代没有法名制度，更没有用姓名字号来区别法统的制度。佛陀弟子的姓名就是俗家姓名，从众多的佛经看，释迦牟尼佛并没有统一沙门的姓氏（典型的例证是佛陀的十大弟子都没有统一姓氏）。根据圣严法师的研究。佛教到了中国，最初从西域来的僧人，往往皆以他们的国籍作为他们的姓氏。中国人最初出家者仍用俗姓名，比如严佛调及朱士行等人。由于各地各门姓氏不一，造成门派的分歧，道安（312—385）统一佛门以"释"为姓。其后，《增一阿含经》传入中国，经中果然记载："刹利、婆罗门、长者、居士众，于如来所剃除须发，着

---

① 徐建华：《字辈与僧人》，载于《世界宗教文化》2004年第1期，第41—42页。

之法衣，出家学道，五复本性，但言沙门释迦子"①，"四河入海，无复河名；四姓为沙门，皆称释种"②。中土认为道安之见与佛经不谋而合，因此得到佛教界的共识，统一以"释"为姓，代代相沿，成为中国佛教的一大特色。但道安时代并没有法派与字辈的排列，直至隋唐时期，中国佛教宗派开始形成，释门还没有按字派取名的制度。早期的禅门宗师，比如百丈怀海是南岳怀让的再传，以世俗的观念说，他们是祖孙关系，但他们二人都以怀字为字，显然不是法派与字辈的传承。还有马祖道一下传天皇道悟，师徒两人同用一个道字，也没有法派与字辈可言。法派字辈的开始，圣严法师认为可能是在禅门五宗的分张之后，是越祖分灯以后的禅宗祖师为了门户的建立和徒众的传承而建立起来的。③圣严法师的推断和前文所述宋太祖立字派的年代很接近。

中国佛教的派辈，显然受到封建统治阶级制定的族姓制度影响，为便于实际运用和记忆，明清以降的祖师们还将字派制作成各种各样的诗歌偈语，这就是"派辈诗"，这种字派冠名制度一直传承运用至今。最令人熟知的是少林寺的辈分，是按七十

---

① 《增一阿含经》卷二十一，载于《大正藏》第2册，第658页下。
② （梁）慧皎：《高僧传》卷五，载于《大正藏》第50册，第353页中。
③ 圣严法师：《学佛知津》，华夏出版社2010年版。

字的剃度"派辈诗"来安排法裔辈分、顺序高低的。从雪庭福裕（1203—1275）开始，这七十字是：

福慧智子觉，了本圆可悟。
周洪普广宗，道庆同玄祖。
清净真如海，湛寂淳贞素。
德行永延恒，妙本常坚固。
心朗照幽深，性明鉴崇祚。
衷正善禧禅，谨悫原济度。
雪庭为导师，引汝归铉路。

有学者却认为，雪庭福裕住持少林寺时已经开始派辈是确信无疑的，并认为前二十字为雪庭福裕所亲定，后五十字为清初彼岸海宽再次任少林寺住持时所续订。[①] 曹洞宗少林派至彼岸海宽（1596—1666）复新出一支，演派剃度"派辈诗"一百二十字：

觉海永洪，宣授传宗。正脉退衍，善庆福隆。
自性周遍，本来圆通。真智妙理，清净澄明。

[①] 叶德荣：《宗统与法统》，广东人民出版社2010年版，第18页。

实相寂照,慈悯利生。平等普度,方广权衡。
教启贤哲,戒行克功。学繇悟达,法在信能。
止观定慧,闻思修崇。庄严品位,玄契参同。
德充果满,佛图续灯。秉持心印,师范寰中。
我愿如是,世宜敦从。彼岸为祖,贻训云仍。
嗣先昌后,万代常兴。

曹洞宗除了少林祖庭还有江西豫章派。十二世无明慧经禅师（1548—1618）入江西寿昌,演传法"派辈诗"二十八字是:

慧圆道大兴慈济,悟本传灯续祖光。
性海洞明彰法界,广弘行愿证真常。

十四世下演传法"派背诗"是:

清净觉海圆弘广,悟本真常慧性宽。
祖道兴隆传法眼,普周沙界定心安。①

---

① 《禅门日诵》(宗派卷),南京金陵刻经处,第11—13页。

系统整理和制定派背诗的首推虚云老和尚,虚云禅师在《校正星灯集序附录各派源流》《增订鼓山列祖联芳集序附录禅宗五派源流》中整理出禅宗四家的派背诗。虚云考订编制出临济宗传法"派辈诗"是:

智慧清静,道德圆明。真如性海,寂照普通。
心源广续,本觉昌隆。能仁圣果,常演宽宏。
唯传法印,正悟会融。坚持戒定,永继祖宗。

虚云和尚觉得当时已经派辈至"定"字,诗即将用完,于是提前在"宗"字之下续派演传法"派辈诗"六十四字八十号。六十四字是:

慈悲喜舍,大雄世尊。惠泽含识,誓愿弘深。
苍生蒙润,咸获超升。斯恩难报,克绍考勤。
导识义谛,妙转嘉音。信解行慎,彻无边中。
回向诸有,完最上乘。昭示来哲,冀用长崇。

虚老为临济宗外演号派传法"派辈诗"八十字:

古佛灵知见，星灯总一同。冥阳孰殊异，万化体皆容。
镜鉴群情畅，碧潭皎月浓。随缘认得渠，纵横任西东。
显密三藏教，禅律阴鸷丛。修契幻华梦，应物悉玲珑。
怍悛奋悠志，宝珠自莹瑛。严奉善逝敕，杲日满天红。①

虚云和尚还为沩仰宗演传法"派辈诗"五十六字：

词德宣衍道大兴，戒鼎馨遍五分新。
慧焰弥布周沙界，香云普荫灿古今。
慈悲济世愿无尽，光昭日月朗太清。
振启拈花宏沩上，圆相心灯永昌明。

演派云门宗的传法"派辈诗"也是五十六字：

深演妙明耀乾坤，湛寂虚怀海印容。
清净觉圆悬智镜，慧鉴精真道德融。
慈悲喜舍昌普化，宏开拈花续传灯。
继振云门关一旨，惠泽苍生法雨隆。

---

① 净慧：《虚云和尚全集》（第二册），中州古籍出版社2009年版，第179—180页。

虚云和尚还为法眼宗演传法"派辈诗"五十六字：

良虚本寂体无量，法界通融广含藏。
遍印森罗圆自在，塞空情器总真常。
唯斯胜德昭日月，慧灯普照洞阴阳。
传宗法眼大相义，光辉地久固天长。①

以上"派辈诗"体现了最为复杂的禅宗派辈的大致情况。和禅宗相比，天台宗的派辈显得清楚明了，明末中兴天台之祖幽溪传灯大师（1554—1629）撰《灵山正脉》，推演了六十四字的天台宗剃度"派辈诗"：

真传正受，灵岳心宗。一乘顿观，印定古今。
念起寂然，修性朗照。如是智德，体本玄妙。
因缘生法，理事即空。等名为有，中道圆融。
清净普遍，感通应常。果慧大用，实相永芳。

---

① 净慧：《虚云和尚全集》（第二册），中州古籍出版社2009年版，第183—184页。

民初古虚谛闲(1858—1932)又续剃度"派辈诗"六十四字：

  大教演绎，祖道德宏。立定旨要，能所泯同。
  功成谛显，了达则安。万象海现，孰分二三。
  初门悟入，化法遂行。己他益利，究极彰明。
  源深流远，长衍纪纲。百千之世，恒作舟航。[①]

中国佛教南山律宗的传承派别最为清晰，因传戒的需要使用也极为广泛。律宗尊南山道宣为祖，至明代如馨（1541—1615）再兴律宗、三昧寂光（1580—1645）开创宝华山律宗道场后，千华传承，曾演传法"派辈诗"二十字：

  寂戒元常定，信理妙恒融。
  从间修福慧，绍隆佛祖心。

如馨二传三昧又传见月（1601—1679），一生之最大成就即是续传律宗法脉，广大千华一系。这一系主要以宝华山隆昌寺为

[①]《禅门日诵》（宗派卷），南京金陵刻经处，第15—16页。

基地，奉唐代道宣律祖为高祖，如馨律师为太祖，三昧和尚为第一祖，见月为第二祖，宝华山传承以"如"字起，以"寂"字为开山第一代，演传法"派辈诗"五十六字，至今沿用：

如寂读德真常实，福性圆明定慧昌。
海印发光融戒月，优昙现瑞续天香。
支歧万派律源远，果结千华宗本长。
法绍南山宏正脉，灯传心地永联芳。

三昧律师又另演一派传法"派辈诗"二十字：

寂戒元常定，信理妙恒融。
从闻修福慧，绍隆佛祖心。
大智德勇健，观照万法通。
本性周沙界，应现临济宗。

湖北麻城如是山支浮戒岳律师亦于前派心字下演传法"派辈诗"二十字：

禅灯照本觉，灵源自永昌。

法云迷大地,智日亘光扬。

三昧律师法孙宜洁玉书律师从华山分住杭州昭庆寺,从读字起演传法"派辈诗"四十字:

读书福德大,持戒定方真。
慧发开心地,灵光耀古今。
千华同一脉,万善总归因。
顿超佛祖位,永远续传灯。①

以上是禅宗、天台宗和律宗派辈和派辈诗的概貌。中国佛教从何时大量流行派辈诗,张雪松认为产生于十七世纪明清之际。② 明代最先出现的各种派辈诗,主要用于剃度时起名。僧团内部是怎样来运用派背诗给徒众排辈分取名字的,这是一个比较复杂的问题。因为中国僧人要真正取得僧人资格,获得比丘的身份必须经过剃度和受戒两个环节,而剃度和受戒师父都要按照派辈取名,所以他们起码会有两个名字。有的出家人还会"增戒"

---

① 《禅门日诵》(宗派卷),南京金陵刻经处,第16—18页。
② 张雪松:《被发明的传统晚明佛教宗派的复兴与佛教谱学的成立》,载于《哲学门》(总第26辑),北京大学出版社2012年版。

一两次甚至多次,由于受戒的时间地点和授戒师父排名辈分的不同,一个出家人就可能有两个或两个以上甚至十几个名字。除了剃度和受戒得名以外,还有高僧大德的传法也可能给同一个出家人另外按照派辈取名字。这种派辈取名的复杂状况,教内有一个简单的归纳,即"剃派"和"法派"。在明清时代乃至现当代,僧人出家最先跟随一位剃度师落发,学习基本佛教教义礼仪,剃度师会给起名字,类似于父母给儿女取名。僧人受具足戒,或被名僧大德印可后接受法卷(被传法)时,若为了长期追随受戒师或传法师,就会按照授戒师、传法师所在法派的派辈诗更改自己名字中表示辈分的第一个字——上字。到清代中叶,按照授戒师的派辈改名的做法逐渐消失,僧人剃度时按照剃度师的派辈诗起名,传法时按照传法师的派辈起新名。派辈诗也逐渐形成分工,有专门用于剃度的派辈诗(所谓"剃派"),有专门用于传法的派辈诗(所谓"法派")。僧人以释为姓,不能再像俗人那样以姓氏作为彼此区别,故独立的派辈诗尤为重要。但由于僧人有剃度、受戒、传法——僧侣生涯中三种重要的人生阶梯,这就极容易造成派辈混乱,会直接导致僧侣之间长幼尊卑以及财产权利义务关系不清,这是必须解决的现实问题。可能解决的办法之一是:剃度时不立派辈,僧侣等到受戒或传法时再由授戒师或传法师依其派辈起名字。由于大多数普通僧人并不能得到高僧大德的印可传法,故单靠传法时立派辈,会使得大量僧人终生无派辈,同样造成混乱。由于绝大多数僧人都会受戒,故等到受戒时从授戒师起名安立派辈,似乎可行,但由于僧人更多的是与剃度师关系紧密,而短时期大规模的受戒,除了少数受戒后常年追随授戒师的戒子,大多数戒子与授戒师往往关系淡薄,故从授戒师得派辈,对大多数僧人意义不大。再者,受戒一般是律宗的"专利",在宝华山为典型的戒子虽然是出家人的骄傲,但随着律宗独立的派辈诗出现,不想致力于加入律宗的僧人,已经不可能在受戒时获得派辈。由于受戒时获得派辈,无论在使用功能上,还是在可操作性上,对于非律宗成员已不可能,故剃度时获得派辈法名,对于广大普通僧人几乎是唯一的机会,不可或缺。这样最终形成了两套传递派辈法名的系统,一是剃度时的派辈——剃派,一是传法时的派辈——法派,律宗独立的派辈,实际上也融入后者之中。这两套系统并行不悖,僧人通过使用不同的名字进行标记区别。

这些不同的剃派和法派,汇编定型在晚清出现的《宗、教、律诸家演派》这一文献中,后者因被编入影响极大的《禅门日诵》中,这本书有所谓"天下和尚一本经"之称,在教内广泛流传,直至今日也是出家人派辈起名的必备工具书。仔细阅读《禅门日诵》我们会发现这样的问题,祖师大德在演派"派辈诗"的时候，并没有标明哪一首是剃派"派辈诗"、哪一首是法派"派辈诗"，而笔者在行文的过程中特别表明了是剃派还是法派，我的根据是什么？第一，传法是律宗的专利，派辈诗肯定是法派；第二，天台宗传灯、谛闲明确指出派辈是剃度师使用的，属于剃派；第三，在世的高僧大德明确知晓属于剃派还是法派的。特别是第三种情况很值得教界重视。例如现当代在苏浙沪使用最多的临济宗两首"派辈诗"，《禅门日诵》是这样行文的：

临济下二十五世东明海舟永慈禅师演派一百十二字：

普永智广宏胜德，净慧圆明正法兴。
性海澄清显密印，大乘妙道悟心灯。
佛恩浩满流芳远，祖行超宗续嗣深。
戒定弥坚通义理，规成谨守镇常新。
翼善昌荣因达本，祯祥隆盛复传增。
功勋寂照融真际，宝镜高悬体用亲。
饶益灵文舒景秀，信持玄记济时珍。
了然无际空诸幻，觉树开敷果自馨。

现今箬庵通问禅师下各家均从空字改换此派清字起。
临济下二十五世（碧峰下第七世）突空智板禅师演派

十六字：

　　智慧清净，道德圆明，真如性海，寂照普通。

五台峨嵋普陀前寺续演三十二字：

　　心源广续，本觉昌隆，能仁圣果。
　　常演宽宏，唯传法印，证悟会融。
　　坚持戒定，永纪祖宗。

普陀后寺从突空下通字派接续演四十八字：

　　湛然法界，方广严宏，弥满本觉。
　　了悟心宗，唯灵廓彻，体用周隆。
　　闻思修学，止观常融，传持妙理。
　　继古贤公，信解行证，月朗天中。①

　　佛门的这种明上下、分派辈的规制，从教内原因看肯定与付

———————
① 《禅门日诵》(宗派卷)，南京金陵刻经处，第5页。

法传统和法统思想有关。但如果把中国佛教以及中国佛教的发展史放在中国文化和中国历史的大背景之下考察，我们会发现这种现象与中国的政治制度和礼制文化密切相关。派辈制度的定型和广泛使用与明代礼制改革有着密不可分的关系。明初制定的礼仪制度，品官之家可以依据朱熹的《朱子家礼》祭祀四代，但庶民只可祭两代（后改为三代），实际上，普通百姓依靠远祭始祖作为敬宗收族主要方式的做法，在明中前期是非法的。但是到了嘉靖帝（1507—1566）时，发生了著名的"大礼议"事件。明世宗嘉靖帝朱厚熜是明朝第十一位皇帝，明宪宗庶孙，明孝宗之侄，明武宗堂弟，兴献王朱佑杬次子。由于武宗死后无嗣，因此张太后（明武宗的母亲）和内阁首辅杨廷和决定，由近支的皇室、武宗的堂弟朱厚熜继承皇位。明世宗在位四十五年（1522—1566），年号嘉靖，从未更改年号。世宗早期英明苛察，严以驭官，宽以治民，整顿朝纲、减轻赋役，后期虽然不上殿，但依然牢牢掌控着朝廷官吏，可以称得上是位有作为的皇帝。在当时的"礼议之争"中，嘉靖变革礼制，鼎定嫡庶，迁考妣入大庙封号太上皇、皇太后。嘉靖帝同时废尽祖宗成法，支持民间祭祀始祖，明清社会"宗祠遍天下"的局面从此形成。修订族谱、订立族规，也在嘉靖以后开始大规模流行起来，并得到官方的认可与支持。当然，宗族的兴起，本是中国历史文化各方面因素长期发展的结果，嘉靖年间的仪礼改革只是为其崭露头角提供了一个合法的环境。随着明中后期整个中国社会宗族兴起的大潮，更加刺激了中国佛教宗派的勃兴，而政府对度牒控制的失效，乃至到清中叶将实行千余年的度牒制度废除，也使得佛教自身不得不进行自我规范，这在客观上不断要求佛教各派别强化法统谱系上的规范管理。明清民国以来，《正宗道影》《列祖联芳集》《星灯集》《某某堂宗谱》兴盛不衰，讲究派辈、辨宗明祖的佛教制度，与其说是王朝礼制改革的催生，不如说是佛教制度对社会礼制和礼制生活的适应。深层次分析，明上下、讲派辈是佛教中国化的结果，是中国宗法制度、伦理纲常在佛教制度上的具体体现。

十分有趣的是，随着近百年社会制度的急剧变化，礼制文化日益丧失（包括字派辈分的紊乱），在佛教的派辈制度中反倒可以寻到种种蛛丝马迹。中国传统礼仪在佛门中得到有效传承和遗存，无怪乎当代很多高僧大德都会说"三代礼仪尽归佛门"。这似乎也是重建当下社会礼仪制度可供讨论的话题和课题。

[作者系江苏省佛教协会副秘书长]

阿尾奢法——内外缘的考察

李建弘

摘要："阿尾奢"一词，源于印度梵文，意指附身；在汉译佛典中，又作阿尾舍、阿尾捨、阿毗舍。而阿尾奢法是一套法术程序，以孩童为灵媒，用于问事、医病，是其特色。此法最早在唐朝由善无畏、金刚智、不空等来自印度、中亚的密宗僧侣传入中土，当时只流传于皇室宫廷，直至"会昌法难"之后，才逐渐转向民间发展，与道士、民间的法术仪式结合，成为民间普传的法术。本文详细地梳理了阿尾奢法的发展历程，其中重点考察"阿尾奢"一词作为唐密的关键字与法术名称，自七世纪末译出的《不空胃索陀罗尼自在王咒经》至八世纪中叶的《速疾立验魔醯首罗天说阿尾奢法》为止，前后半个多世纪的内外因缘。

关键词：阿尾奢；附身；善无畏；金刚智；不空

阿尾奢及其研究

阿尾奢（āvesa）源于印度梵文，意指附身（possession/spirit possession），于汉译佛典又作阿尾舍、阿尾捨、阿毗舍等。最早在唐朝由善无畏、金刚智、不空等来自印度、中亚的密宗僧侣传入。简单来说，阿尾奢法就是一套法术程序，以孩童为灵媒，用于问事、医病，是其特色。传入后大半时间都流传于宫廷，直到唐末武宗毁佛后，逐渐转向民间发展，与道士、民间的法术仪式结合，成为民间普传的法术。根据《夷坚志》的记载，这套法术似乎与秽迹金刚法、道教法派或民间宗教的仪式结合，广传中国大陆东南沿海一带，秽迹金刚法在闽地流传最多。[①]

西方研究者中以司马虚（Michel Strickmann）最早关注这套法术，相关构思集结于其研究遗集《中国法术药》(*Chinese Magical Medicines*, 2002)。司马虚注意到中国以孩童为灵媒的现象，推测应是受到周一良 1945 年《中国密宗》著作之启发，结

---

① 此一观点系参考《秽迹金刚》，载于洪迈：《夷坚志》夷坚甲志卷十九，中华书局 1981 年版，第 171 页。

合他本身丰富的亚洲宗教知识而得。这也促成他后期的研究目标,开始从道教转向佛教、民间宗教。继承其研究焦点的是爱德华·L. 戴维斯(Edward L. Davis),著有《宋朝社会与超自然》(*Society and Supernatural in Song China*,2001)。此书以《夷坚志》为史料来源,研究宋朝社会呈现的中国宗教。最新的研究则为弗雷德里克·M. 史密斯(Frederick M. Smith)的《自我附身》(*The Self Possessed*,2006),从印度教和南亚宗教的立场提出相关回应;第十一章是回应司马虚和戴维斯研究的专章。①

有别于西方对附身的理解,司马虚认为阿尾奢并不是一种被动或病态的现象,从僧侣或仪式专家的立场,它是一种由仪式专家主动发起或主导的附身现象(voluntary spirit possession)。它是借由实施某种仪式程序,如念咒、结手印,导致神祇或鬼魂附身于灵媒;或是使某种事物成为媒介,借由这些媒介,达成驱邪或宗教医疗的目的。② 类似的概念和实践方法,首载于宝思惟七世纪末译作的《不空罥索陀罗尼自在王咒经》。它的仪式程序,描述有为了能够向神祇"问事",施加咒术于童子的相关步骤。③

---

① 阿尔夫(Alf Hiltebeitel)著有书评,他认为该书对司马虚和戴维斯的研究为本书之精华。但是这篇文章认为阿尾奢是道教的传统,应该是误读。
② 司马虚:《中国法术药》第 203—204 页。
③ 司马虚:《中国法术药》第 204 页。

唐玄宗后,金刚智、不空等著译经典载有相关内容。司马虚指出,与阿尾奢之相关概念尚有"遍注"①、"钵私那"(po-ssu-na)、"私那"等相关词汇。

戴维斯认为阿尾奢(aweishe)是一种持咒以召呼各种佛教神祇(Buddhist deities)凭附于人或物的法术。它可召唤这些神灵至发光或反光物,如水、镜子、珠宝或珍珠等,或是神祇塑画像、男童等。法术程序中规定有孩童的数目和年纪,以及实行法术前后对孩童应行的程序。据说一旦降神后,孩童即能言过去、现在、未来三世之事,亦能助人向诸神问事。宋朝时期此法转变为道教考召之法,佛教则转为三坛法,同时此法不再保留于宫廷中,而是流传于村落和诸州郡。②

史密斯认为,司马虚和戴维斯的研究有助于探讨亚洲地区普遍的附身现象,且暗示它们彼此之间可能确有关联。限于印度方面的史料限制,无法论证相关仪式究竟出于何地,史密斯认为源于印度的可能性较高。史密斯研究并非从阿尾奢一词入手,而是根据其检视印度相关文献,找出与中国的阿尾奢有关的两个关键词汇,它们分别是 svasthāvesa 和 prasenā,前者的判断依据是它

---

① 司马虚的解读不知从何而得。依《苏婆呼童子请问经》,应作"遍入"。于佛典中亦不用"遍注"一词。
② 戴维斯:《宋朝社会与超自然》,第 123—125 页。

和孩童的附身有关，后者则是相关文献显现的结果。svasthāves 是灵媒将神灵引致入一反光物或童男童女的身上，然后问过去、未来、现在事；svasthā 意为健康的状态①。prasenā 指的是某一神祇，只存在于藏密和唐密经典中，不见于 āyrvedic，梵文词义难考。史密斯认为该词可能源于 Middle Indo-Aryan，是梵文 prasna（意指"问"）的古印度方言（Prakrit），其发音转回头影响梵文而有。该词亦可考证于耆那教典籍中，为 pasina，它是将神祇召唤至镜中等。prasenā 后来发展为 prasenā-prasna，意指经由媒介——prasenā 以解决问题的技艺，也包括召呼神祇入梦以决吉凶事等。②上述现象在印度吠陀传统中并未被认可，对照可说明以孩童作为灵媒，受到当时中国地方认同且合理化，并给予深度的描述。③

上述相关研究大致以司马虚的判断为基础，认为阿尾奢于唐朝是以附身的概念被理解，其中戴维斯的定义较为精细。然而，相关研究是以印度为基础来理解唐朝密宗传承的，却忽略了唐密传入中国是基于何种基础，以及在意识形态、宗教实践上，中国的理解基础是什么。或许经由这些相关探讨，方能对于宋代密教

---

① 史密斯：《自我附身》，第417、422页。
② 史密斯：《自我附身》，第423—425页。该文中有更深入的文析。
③ 史密斯：《自我附身》，第426页。

和道教、民间宗教间，这些法术、仪式实践的技术进行交流，得到更多的了解。

释阿尾奢

阿尾奢，今音作 āweishe，这是目前我们使用的中文发音拼出的，它的中文字音看来和梵文原音 āvesa 有所不同。然而，推敲"尾"字的发音，唐朝时发音应作 ve 或 vi，与今之闽南语接近。因此，阿尾奢的唐朝拼音应作 aveshe 或 avishe。对照其他同音义词，如阿尾捨、阿毗舍，或是日文发音あびしゃ（abisha），也可发现 v、b 转音的痕迹。因此，唐朝阿尾奢与印度的发音应是相当接近的，似乎可以不需考虑它在中亚的发音转变。然而，阿尾奢在唐密中并无具体的意译，唯一出现过的解释作"遍入"，这部分将在稍后的讨论中说明。

于印度方面，āvesa 依现今梵文释义，ā 乃接头词，在此表示"接近"之意。ves 是其动词语根，有"进入"之意。最后的 a 是名词语尾。该词作动词表意时，主动型态有进入、沉浸的意思，被动型态有被充满、被贯穿的意思。[1] 据史密斯的考

---

[1] 此段词义分析由钟文秀提示。她认为原意还有更负面的意思，指被魔等附身。

证，āveśa 在《梨俱吠陀》里以不同形式出现 103 次，69 次在字首加有 a。①《梨俱吠陀》的十·一三〇·五诵显示 āveśa 之词义并不只是进入，而是神这类的实体，它由一方进入一方；另九·三八·五诵是描述苏摩酒神（soma）穿越滤器，化身成为无染污的童子。虽然相关句子显示穿越未必等于附身，但是史密斯主张诸如因陀罗在喝下苏摩神后，以其力量和神威摧破魔王。可比赋为一大群鸟停在某一树上，其喧闹足以改变一棵树的本质，这正是在呈现一种附身的意象。相关类比还可取证于南亚的附身资料。②碍于笔者对梵文的理解限制，除了史密斯强调阿尾奢一词出现多次以外的意涵，无法有其他更深入的理解以决定认同或反对史密斯的观点。

史密斯意图将附身在印度教的历史传统，往更早的时代推衍，但史密斯对附身的定义和研究方法有值得商榷之处。因为，史密斯一方面借由分析相关词汇的运用情形，强调人们能够自《梨俱吠陀》《奥义书》《摩诃波罗多》和《薄伽梵歌》等印度教主要文献里，发现附身一词的踪迹。然而另一方面，史密斯却又认为在梵文文献中并没有如中国唐密完全以附身仪式为经典者，也就是以附身为专著的仪式书。③因此，史密斯的论述，无助于申

---

①② 出现次数的统计和部分分析参考史密斯：《自我附身》，第 177 页。
③ 史密斯：《自我附身》第 432—441 页。

论阿尾奢一词在印度教里堪为重要的概念,却间接说明唐密僧侣似乎有意将此概念转化为有特色的词汇引入中国。

中国的滥觞

司马虚认为,阿尾奢的相关概念最早可见于宝思惟七世纪末所译之《不空胃索陀罗尼自在王咒经》(以下简称《王咒经》),其中一小段落可说是阿尾奢在中国发展的滥觞。相关内容载于卷二"成就除鬼著病法分第十二",此段著录法术以"除著鬼魅"为目的。换言之,主要目的是祛除被鬼魅附身等病。经中所载对治病状范围广泛,包括诸鬼扰乱之病、疟鬼病,或是因为时节变化引起的病症,如热病;能使人们免除无法避免的种种灾厄,如君主将蒙厄运,或者社会发生饥馑等。其中与阿尾奢直接相关的段落如下:

> 复次有法,若欲咒人,其持咒者洗浴清净,著新净衣,先诵神咒自防其身,后以牛粪而用作坛,随四方面画种种色,散诸杂华及置白食供养坛场。应取童男或复童女,洗浴清净,妙香涂身,著白净衣,种种庄具而严其身,令于坛中结跏趺坐。应诵此咒,结童子发,咒曰……诵此神咒,

结童子发已,复取杂华满于所咒童子手中,又以妙香若熏、若涂及末散之。复咒粳米及与华水洒散坛内,应烧沉香,诵不空罥索神咒,咒华三遍,散童子面,童子身动。若欲令语,应诵此咒,咒净水洒童子面。曰……不得以手触所咒人。如此咒已,童子即语,若问去、来、现在好恶之事,皆能答之。其持咒者若欲发遣著童子神,复应诵此咒。①

此段落中,能说明它是运用童子附身的法术的地方,是"若问去、来、现在好恶之事"和"发遣著童子神"两处。然而,没有人知道这些童男女看见什么,听见什么,或是发生何事。但是他们在适当的仪式程序后,即能成为问事的对象,且需有送神离开的程序,应当是附身无误。至于"童子身动"在此阶段应是不太清楚的描述,只能从后设的立场解释它正是附身的征兆,关于此节,待讨论不空三藏著译经典时申述之。

考察阿尾奢于此经的脉络,相关菩萨、著译者是其线索。不空罥索又作不空绢索、不空羂索,梵文作 Amogha-pas,为观世音菩萨诸多化身之一。他是隋唐之际从南亚、中亚到中国皆相

---

① 《不空罥索陀罗尼自在王咒经》、《成就除鬼著病法分第十二》,载于《大正藏》第20册,第426—427页。

当流行的佛教神祇。① 考据造像史和经典的脉络,不空罥索和观音、摩醯首罗天有相当的关联。古正美于吴哥窟地区的考察,认为当地不空罥索观音的造像法是参照摩醯首罗天造像。他取证隋代最早传入中国的不空罥索观音经典《不空罥索咒经》(以下简称《咒经》)记录的造像法:"(佛像)右边画作观世音像,状如摩醯首罗天。头上发悉如蠡髻,方作华冠,肩上当画作黑鹿皮覆左肩上,自余身分当画作种种璎珞。"② 实则同一部经典中有更具宗教意义的证据。值此经典出现的场合里,观世音菩萨说他自从受持此经之后,"从是已来,常为无量无边百千摩醯首罗诸大天众。"③ 换言之,不空罥索观音信仰里,摩醯首罗天乃是观世音菩萨的化身之一。就其宗教现象的意义,可以视为佛教吸纳印度教神祇的方式,正如同印度教内佛陀是毗湿奴的化身之一,阿尾奢法可能也早就与不空罥索观音一起传至亚洲各处。此外,经中规定其像需建立坛场,如下:

---

① 南亚部分主要参考古正美《从天王传统到佛王传统:中国中世佛教治国意识形态》第74—77页。实际上不空罥索菩萨是古正美在该书中考证的佛王传统重点。古氏称其为不空罥索观音佛王传统,参考同书第327页。
② 蠡即螺(参见《不空罥索咒经》,载于《大正藏》第20册,第401—402页)。
③ 《不空罥索咒经》,载于《大正藏》第20册,第399页。

像前以牛粪涂地，四方齐整，纵广丈六尺。其坛场里散纯白华，置八水瓶，各受一斗，皆令新净，盛以香汤，复以种种华，置其瓶内，安其净草，立八草座处，安置八方，作八分食，置其草座上。然后，更以六十四分食，各各种种杂美好者，自余杂食具皆广大罗列作之，唯除五辛酒肉，余但使可得之者，皆悉具之。①

类似的坛场布置，在前引《王咒经》亦可发现，该经中对坛场的布置予以分类，分作地坛、国坛、民坛，此三种坛场相对应于国王、大臣、凡人三种身份阶级。②此外，除了坛场以外，也可见类似的法术程序。《咒经》有作："若欲破他所作咒诅，作其人形像，或面或泥或蜡，当以镔铁为刀，段段割之。"③后出的《王咒经》则类似的法术结合设坛，用于治疗疟病之鬼，经文作："若患疟鬼之病，经四日者，先应泥作四角之坛。……复以面作病人形象，应诵不空罥索心王神，称病人名，用淳镔铁刀，段段截之。病人见闻，心即惊怖，疟鬼舍离，永不复来。"④这大概是

---

① 《不空罥索咒经》，载于《大正藏》第20册，第402页。
② 此分类参见《不空罥索陀罗尼自在王咒经》中《成就入坛法分第十三》。
③ 《不空罥索咒经》，载于《大正藏》第20册，第401页上。
④ 《不空罥索陀罗尼自在王咒经》，载于《大正藏》第20册，第426页下。

一种作刍像为病者和鬼魅替身的法术,是经由神威和具体的武力威胁以驱魔治病的方法。

依阿尾奢或附身等相关内容为判,比较《咒经》和《王咒经》两部经典,虽皆属不空罥索观音之经典,但两者结构或内容最大差异是人和观世音菩萨的关系。在《咒经》里,人和观世音菩萨的关联是直接的;《王咒经》中人和菩萨则保有中介者存在的余地,提供召乎媒介的方法,这也为附身提供法术程序存在的空间。于《咒经》里,持咒人,也就是专精念诵此咒者,实行相关法术的具体成果是"即见自身出大光明,犹如火焰,既自见已,生大欢欣,乃至观世音菩萨自来现身。"[1] 换言之,人和菩萨之间并无任何中介。然而,后出的《王咒经》却保有中介者的空间,这些中介者被称为"使者"。全经上、中、下三卷中共出现22次。上卷开头未久即提出实践此法术者,能够"驱策使者,进退无违,令罗刹婆[2] 随意而转。"同卷《成就使者能办事法分第五》作使者"是圣观自在菩萨、不空罥索王神咒之使",而使

---

[1] 《不空罥索咒经》,载于《大正藏》第20册,第402页上。
[2] 依慧琳《一切经音义》卷六:"罗刹婆,梵语鬼名,转舌长声呼。古译但云罗刹。此类鬼神有业通力,飞行自在,食啖众生血肉,最大凶恶;其罗刹女别有国土,居大海洲岛,以其神力,能变姝丽之容,媚惑于人,善诱而食之,并如《佛本行经》中所说。"(参见《大正藏》第54册,第345页上)

者的画像是"又作药叉童子像,头发直竖,如盛火焰。面目嗔怒,绿眼平鼻。形貌赤色,身服赤衣。口出四牙,二上二下。其舌于口,或入或出。一手持剑,一手执索。严身之具,皆悉周备。"① 此段落最令人生起联想的是"童子像",全经在其他几个段落中,也会提及使者作童子像。例如上卷的观自在菩萨于梦中也现"童子形";卷中的《成就驱策僮仆使者分第六》中,使者"于其头上作五发髻,身之色相,犹如童子";"成就吉祥瓶法第七"里,此吉祥瓶会化身为童子;《成就策使罗刹童子第八》里,其造像也作"五发髻",长相和身形皆如童子;甚至在调伏龙神时,龙神会化现为"童子形"。

这些使者作为实践法术者和观音的媒介,频繁以童子形出现,相较于隋朝里人和观音之间无中介者的变化,究竟是源于中亚或印度的相关影响,还是中国本地的影响而有之调适,此中问题颇令人玩味。当然,此法和运用真实的童子为中介,应当有相当的关联,碍于篇幅,无法在此逐一细论。

在比较中最饶富意趣的部分,是阿尾奢脉络里用真实的人身达成的问事功能,而另一段落罗刹童子部分也能"问(罗刹)童子过去、未来、现在之事,皆依实答,终无虚妄。"既然两者都

---

① 《不空羂索陀罗尼自在王咒经》,载于《大正藏》第20册,第423页中。

能达到相同的功能，较诸全经的脉络，皆以法术产生一超自然的童子，又为何必须无端地插入一段用真人为媒介的部分呢？其为问题所在。

分析对照全经共十六种法术的介绍词时，① 只有以真人为媒介的一段有此用语："此诸菩萨方能成就，非诸下劣、怯弱有情。"② 换言之，著译者着意强调此为真真实实由菩萨传授的法门，或是实践成功者必定是菩萨者。至于其他十五个段落，多以"圣观自在菩萨，复说……"即代表其法的权威和价值来源。或有人要推论这是因为道德上的原因，害怕予人负面的联想者，或是落人口实者。然而，《成就使死尸取伏藏分第九》有修持者需入墓盗取尸体的段落，"即往塚间取丈夫尸，身形之上无疮瘢者"；《成就入婇女室分第十》里隐含有男女双修的可能，或是作为一种想象，"善来姊妹！若为摄受我等故来，愿持此香华，与我同伴，其同伴人观此婇女，随所爱者，即便执手，娶以为妻"。这些引述段落，都能说明在中国它们比以童子为灵媒更惊

---

① 这十六种法门分别如下：《成就尊者说不空神咒功德分第一》《成就受持供养神法分第二》《成就亲见圣观自在菩萨法分第三》《成就画像帧法分第四》《成就使者能办事法分第五》《成就驱策僮仆使者分第六》《成就吉祥瓶法分第七》《成就策使罗刹童子分第八》《成就使死尸取伏藏分第九》《成就入婇女室分第十》《成就眼药分第十一》《成就除鬼著病法分第十二》《成就入坛法分第十三》《成就调伏诸龙得自在分第十四》《成就见不空罥索王法分第十五》《成就见如来法分第十六》。
② 《不空罥索陀罗尼自在王咒经》，载于《大正藏》第20册，第423页下。

世骇俗,可是这些段落皆未强调法门的神圣性。取尸的段落只要持咒者注意保护自己,"先当诵咒,防自身已";成就婇女法,要求实践的场所要美好,"其室可爱,常有流泉、浴池"。全经独有这段以真人为灵媒者,强调了提供此法门者或修行者,不能是下劣怯弱者,而是超越的宗教存在。因此,可以推想此法的内容,可能也普遍存在于当时竞争激烈的宗教"市场"里,尤其是道教或民间宗教的实践当中,其中后者的可能性较高。因此,佛教僧侣在著译这些经文时,需费心地强调其权威和真实性。

以童子为灵媒,笔者目前手边可得之唐朝以前资料甚少,只有一笔。但此笔资料亦颇有价值,因为有对应之史料可供查考,且延续数百年有几个版本的记载。是为《幽明录》里与佛图澄(?—348)有关的记载:

> 石勒问佛图澄:"刘曜可擒,兆可见不?"澄令童子斋七日,取麻油掌中研之,燎旃檀而咒。有顷,举手向童子,掌内晃然有异。澄问:"有所见不?"曰:"唯见一军人,长大白皙,有异望,以朱缚其肘。"澄曰:"此即曜也。"其年,果生擒曜。①

---

① 刘义庆:《幽明录》,台北:艺文印书馆。

《幽明录》相传由南朝刘义庆（403—414）所编。此文显示六朝佛教僧侣或许已传入以童子为灵媒的法术，或是实行施咒以降神附着人身或物体的方法，并已经和中国原有之宗教实践结合。这个故事可对照慧皎（497—554）之《高僧传》卷九，佛图澄"善诵神咒，能役使鬼物，以麻油杂胭脂涂掌，千里外事皆彻见掌中，如对面焉，亦能令洁斋者见"①。两者差异在一者描述童子，一者是洁斋者。推测两者的差异是对内外缘的考量不同，前者指的是其年龄身份，后者指其内在条件，而实际上可能皆着重其处子之身。这点可对照前揭《不空罥索陀罗尼自在王咒经》里，其法术要求是"需童男、女"，而非童子。中国童子一词指涉的年龄范围相当长，泛指未成年的男子。如郑玄《仪礼·丧服》之注作"童子，未冠之称"，换言之，也就是二十岁以下的男子。另一方面，童男女的脉络是强调其未经男女之事。例如汉朝焦赣《易林·明夷之需》："童女无室，未有配合，空坐独宿。"童女所指即是未经婚配的处子。因此，相关故事、掌故能辅助说明前引经典里，这些找来观未来事的人，必要条件是需保有处子之身。

---

① 释慧皎：《高僧传》卷九，载于《大正藏》第50册，第383页中。

然而，相同记载到唐朝的释道世（约唐太宗、高宗时）于总章元年（668）①编辑完成的佛教百科全书《法苑珠林》中，却作"勒与刘曜相拒构隙以问澄，澄曰：'可生擒耳，何忧乎？'麻油涂掌，令视见之。曜被执朱绳缚肘后。果获之，如掌所见。"②此一段落中，仍保留佛图澄的神奇手掌，但是去掉了童子、洁斋限制，也少了咒术、胭脂等细节。但作者似乎也希望令故事看来更为直接，暗示或明示石勒本人在佛图澄掌中即预见未来之事。

此段记录是略早于《不空罥索陀罗尼自在王咒经》译著的时间。分析道世有此叙述的可能性有二：一是他不了解或不清楚此一法术，且对照《僧传》的内容修改。二是他可能反对此种实践方法，因此去掉了在佛教传统中不喜欢的元素。然而，稍后未久，相关的密教实践即将传入。同一记述到了南宋朝释志磐咸淳七年（1271）③《佛祖统纪》编辑完成之时，又恢复近于《幽明录》的记载，由童子观看手掌，预见此事。此时以童子为灵媒的方法已在中国大行其道，成为《夷坚志》里佛道教法术实践者的常用法术。

---

① 唐高宗年号。
② 《法苑珠林》卷三十一，载于《大正藏》第53册，第517页中。
③ 南宋度宗年号。

开元三大士与阿尾奢

开元三大士分别为善无畏（Subhakarasimha，637—735）、金刚智（Vajrabodhi，669—741）、不空（Amoghavajra，705—774），而不空是金刚智的弟子。善无畏于唐玄宗时（716）入唐，金刚智和不空则在720年到达东都洛阳。据周一良的考察，虽然这三位法师抵唐时间非常接近，且有重叠的五年，但是善无畏和金刚智两人似乎未有交集。至于不空，入唐时尚不满二十岁，且是金刚智的弟子，笔者推测应该也无法与在年岁辈分上皆长他甚多的善无畏有何互动。上述三位法师均译著有阿尾奢之相关经典，此阶段可视为阿尾奢一词正式入唐的开始。

善无畏：私那、钵私那与阿尾奢

善无畏译著之经典中，与阿尾奢相关有《苏悉地羯罗经》《苏婆呼童子请问经》两部经典。《苏悉地羯罗经》在《大正藏》中现存有三个版本，该经文中阿尾奢作"阿毗舍"，三个版本的段落皆同，断句上虽有些许差异，但不影响其句意。其文作"若复有人，欲求摄伏诸余鬼魅及阿毗舍，当用使者及制吒迦等所说真言，速得成就。"① 阿毗舍于此段落作名词，是密教僧人或实践者想要收服的对象，又与鬼魅置于同类，具有负面的意义。分析"使者"及"制吒迦（Cetaka）"两个词汇，或许有助于理解其内容。

首先，同前述《王咒经》，使者一词再度出现。《苏悉地羯罗经》使者的名字不少，出现于多处，包括胜慧使者、金刚慧使者，或是不明确的金刚部中使者。而此处的使者不知所指为何。基本上《王咒经》中的使者，仍是担任持咒者和菩萨的中介。因此，阿毗舍在这里应是超自然、精鬼之类事物，因此需要摄伏。

其次，根据唐朝时大兴善寺不知名译经者所出之《圣无动尊一字出生八大童子秘要法品》，制吒迦乃不动明王的八大童子的第八位童子。② 然而，与善无畏同时期的金刚智，似乎对制吒迦这位使者的评价不高，《不动使者陀罗尼秘密法》载：

[不动使者]：此神作小童子形，有两种。一名矜羯逻，恭敬小心者是。一名制吒迦，难共语恶性者是，犹如人间恶性在下，虽受驱使，常多过失也。若无事时向道，且去

---

① 《苏悉地羯罗经》卷上，载于《大正藏》第18册，第604页中。
② 《圣无动尊一字出生八大童子秘要法品》："一慧光菩萨（金刚云：回光即以慧如，光照回一切故）；二慧喜菩萨（金刚云：慧喜即回慧为喜）；三阿耨达菩萨；四指德菩萨；五乌俱婆誐；六清净比丘；七矜羯罗；八制吒迦。"（参见《大正藏》第21册，第31页上、中）

还来。莫向道无事好去，若向道无事好去，即便长去，更不来矣。第一须记，不得邂逅。西国有僧，驱使多年，一朝误遣，遂不复来，乃涕哭悔恨，不复更至。①

此段内容说明制吒迦其实就是一种使者。按金刚智的解释，制吒迦的语意就是不太能够以言语沟通的使者，可能是因为听力不好，或理解力不佳，是不太可靠的使者，所以"虽受驱使，常多过失"，若不注意使唤它的用词，还会一去不回。后半段的叙述也表明修行得到作为中介的使者，于实践者是件难事，以至于一旦因为疏忽遣走使者，召唤不回时，竟要"涕哭悔恨"。不知道金刚智与善无畏之间是否有着同业竞争的关系，所以对他使唤的使者评价不好。值得注意的是使者再次以"童子形"出现。可惜上述线索皆未说明阿毗舍是什么。

善无畏经典中的阿毗舍指的究竟是什么？经典中并没有说清楚，但是他的确引入阿尾奢的相关法门。在《苏婆呼童子请问经》可得到较多的解答，该经中阿毗舍是出现在《下钵私那分品第八》里，在该品中主要说明实践者如何召呼钵私那神下降：

---

① 《不动使者陀罗尼秘密法》，载于《大正藏》第21册，第24页下。

若念诵人，问下钵私那者，应当如法请召。所谓手指或铜镜，及清水、横刀、灯焰宝等。虚空尊像、童子、真珠、火聚石等。于如是处，钵私那下者，请召来已，当即自说天上人间，及过去、未来、现在，超越三世善恶等事，一一具说。法若有阙，持真言字数或有加减，或不经诵，不具正信亦不供养，于不净地，天不晴明，童子身份或剩或少，有斯过等，私那不下。①

这段经文提供几项信息。首先，于司马虚所理解或定义之阿尾奢法，于善无畏则是以私那／钵私那法为关键词引入中国。其次，钵私那在发音方面，颇似于史密斯考证出的 prasena，问事，且钵私那在汉语佛经语境，也与之相合。因为密宗行者将钵私那神降下后，主要目的即在于提供资讯。设若两个词汇系出同源，则唐密引入的是 prasena 一词神化的部分。再次，司马虚认为阿尾奢法主要用于宗教医疗，但从钵私那法的内容观察，这只是个令密宗实践者获得资讯的法门，能够用于各种用途。最后，这个法门同样运用童子，且讲求数目。然而，此一童子究竟是真的童子，还是作为中介的使者，经文后段关于实行此法的部分有更清

---

① 《苏婆呼童子请问经》，载于《大正藏》第 18 册，第 728 页上。

楚的说明。童子数目在一至十之间，包括十个，去除九、一。此外，他的外形要端正，为人所喜，岁数是十二或八岁。[①] 因此，如同《王咒经》的方法，此法亦需要若干数目的童男女，且有年岁、外形限制。

《苏婆呼童子请问经》有一处值得和《佛图澄传》对照，这是关于若要降钵私那神于手指的部分。其文作"若欲于手指面上看吉凶者，先以紫矿水清净其指，后以香油涂之，即现诸吉凶事。"[②] 这段叙述似曾相识，因为其程序和最早佛图澄的记载非

---

① "又若欲童子所下。即简取十个、或八、或七或六、或五或四、或三或二。或年十二或八岁者，身份血脉及诸骨节悉皆不现，圆满具足，眼目端正，青白分明。手指纤长，掌齐平。八处表里圆满，身相具足，须发青黑。人所见者，心生爱乐。"（参见《苏婆呼童子请问经》，载于《大正藏》第18册，第728页中）

② 这段叙述是对先前的钵私那法再加解释，童子在此需"清净澡浴，着新白衣，坐其上，以花香等而为供养"。全文如下："持诵功毕，即于白月八日或十四日或十五日，是日不食。以瞿摩涂地，如牛皮形。即将童子清净澡浴，著新白衣，坐其上，以花香等而为供养，自亦于内面向其东而坐茅草。又若欲令彼镜中相貌现者，则先取其镜，以梵行婆罗门呼摩之灰，揩镜令净，或七八遍乃至十遍，置于曼荼罗上，仰看镜中，即现出世间事。又于横刀中看事法者，亦同如镜。若欲于手指面上看吉凶者，先以紫矿水清净其指，后以香油涂之，即现诸吉凶事。若欲于水中看者，净滹其水置于瓶中或瓮中，然后遣一童子于中看之，即皆见一切吉凶。又欲令见下于宝等及真珠中看者，即以净水洒于宝等及珠上，端心净住念诵真言百八遍，即现一切相貌。又若欲令尊像所下者，以花供养即自现之。灯中亦如前法，乃至梦中为说诸事。如上所说。"（参见《苏婆呼童子请问经》，载于《大正藏》第18册，第728页上）

常接近。前引佛图澄的法术内容，即是以麻油混杂胭脂涂掌，作为观事的法术程序。麻油混杂胭脂可能就是为取得香油，以符合法术的程序要求。唐密经典与早前僧传法术内容如此相近，其意义是像阿尾奢、钵私那这类法术，可能早前即被中国人知悉，且其传承始终保持某种程度的流传，但是来源不明。上述理解是基于与《佛图澄传》有关推论而得，因为《佛图澄传》的内容，可能源于非常亲近佛图澄或石勒之人，或是对于这类法术有所知悉者，他们早在唐密经典译著问世前两世纪左右，即对此中细节有相当程度的掌握，将之写入文献记载当中。甚至僧传作者慧皎本人也对此有所知悉，所以不加怀疑地著录于传记中。再加对照同时期前后《幽明录》的内容，阿尾奢或私那法这类法术的流传，可能早已被中国佛教或其他宗教的仪式法术专家运用。

善无畏所传法术，应是要将私那／钵私那两个词汇引进唐朝。因此，阿毗舍只是作为真言中的一小段词汇插入其中。其文作"顶礼本尊念诵真言。先置䒳字，中间应呼揭唎忻拏之句，又呼阿毗舍（云遍入字），又呼乞洒钵罗（二合云速）"①。这段真言内容可能已遭人篡改过，所以和大多密教经典的真言记录方式

---

① 《苏婆呼童子请问经》，载于《大正藏》第18册，第728页下。

不同。后来的人似乎对阿毗舍有所了解，因此加入"遍入"一词为注解。司马虚将这段解读为"遍注"的来源则不清楚，可能与道教有关，因为"遍注"于佛典中未见使用。而"遍入"是一个在佛典中使用频繁的词汇，可用于指"佛的神奇力量无所不至""如虚空遍入一切"云云。

善无畏于同一经典里，也提供观察标准，以教人分辨真假钵私那神下降。其判准主要是容貌、眼神、眨眼的情形，还有眼球的颜色，以及呼吸状态等。如果附身的是魔、夜叉等，则需尽快以适当的法术驱走。① 从中可看出密宗对附身这类实践的实质意义，它提供较严密的程序，使其附着的神祇可得控制。

---

① 全文作："私那下已，即有此相现时，为眼目欢悦，视物不瞬，无出入息，即当应知私那已下，即取遏伽水及烧香供养，心念最胜明王真言。即应敬问，尊者是何类神，自他有所疑惑，即应速问。彼自当说三世之事求利失利及苦乐等，所闻之教宜速受持，勿生疑惑。所闻事毕，即速发遣。若具此法私那速下，若不依法，即不得成就，为人所笑。复次，私那自下者，彼童子等面貌熙怡，容颜滋润，眼目广长，绕黑睛外，微有赤色，精神意气，有大人相，无出入息，眼亦不瞬，即当应知是真私那。若魔等下者，即别有相貌，眼赤复圆，如人瞋视，眼睛不转，张口恐怖，亦无出入息，眼亦不瞬，即当应知夜叉等下，即须发遣。若不肯去者，即应便诵妙吉祥偈，或诵不净忿怒金刚真言，或读大集陀罗尼经。如上读诵，若不去者，即应以师子座真言用遏伽水，或波罗赊木与酥相和，呼摩百八遍。或以胡麻，或稻谷花酥蜜相和，呼摩百遍，最后以军荼利真言呼摩七遍或三遍，即便舍去。"（参见《苏婆呼童子请问经》，载于《大正藏》第18册，第728页中）

金刚智：钵私那童子、遍入与阿尾舍

与善无畏同时期的金刚智，所出《药师如来观行仪轨法》中有钵私童子扮演使者的角色。① 金刚智是最早将阿尾奢、阿尾舍一词用于咒语以外的经文者，它们出现在"密印漫拏罗法"下，且金刚智似乎有借由行文脉络的差异，把这两个发音相同的词汇作区分：阿尾奢一词是用以承载同善无畏的阿毗舍，作遍入用；阿尾舍着重其附身的状态。但是两者似乎也有混杂同作附身的意涵。

阿尾奢一词能够以遍入解，可得于《金刚峰楼阁一切瑜伽瑜祇经》（以下简称《金刚峰瑜祇》）的几处经文："若持此赞王②，

---

① 《药师如来观行仪轨法》卷一："奉请钵私那童子，为弟子传此香烟，启请虚空刹土微尘世界中一切诸佛、过去七佛毗婆尸佛如来、五十三佛普光如来、三十五佛释迦如来、二十五佛宝集如来、十二部尊经修多罗藏海尊法般若诸大菩萨摩诃萨、普贤、文殊、观音、势至大慈菩萨、五部明王、金轮如意王、二十八部密迹金刚藏王、不舍慈悲证明弟子、声闻、独觉、四果罗汉、四天大王、三十六国持咒大师子王、摩尼孔雀王、迦毗罗、金毗罗王、持咒安国王、道心王、摩醯首罗王、天布单那王、二十八部鬼神大将、阿吒婆俱护法神王、须弥峰顶大将军、管领五岳神将飞轮走，降此道场，受弟子香烟供养请。"（参见《大正藏》第19册，第28页中、下）

② 这里的赞王指的是咒语，名大金刚吉祥无上胜赞。真言、咒、明、陀罗尼是在密宗里混杂使用的词汇，在印度的脉络里，mantra 和 dharni 是不同的文类。

才一遍称诵，诸佛悉云集，三十七智圆。若当诵两遍，诸佛悉入身，一切阿尾奢，及以三界主，若诵经三遍，诸法悉成就"①；"诵真言'成就一切明真言'一百八遍，随印便睡，本尊阿尾奢，即于梦中，见一切吉凶之事。"② 在这些脉络里，若作附身解则词义不通。但作遍入，前句可解读为"一切悉遍入"，指诸佛遍入一切。后者亦同，指本尊遍入梦，因此能于一切梦中见吉凶事。

阿尾奢也指涉介乎附身和遍入之间的词义。在一段金刚食的咒语后，有经文解释"此名金刚食，主宰诸能摧。菩萨化身天，及正业受果，诵此一千八，随顺而摄受。三千世界中，上至有顶类。若加持男女，能令阿尾奢，三世三界事，尽能知休咎。若诵一洛叉，能令三界天，所问吉凶事，速令阿尾奢。"③ 前一阿尾奢似乎可通于附身和遍入之间，若作附身，可视为是经加持后，三千世界之有情，皆能来应附身。若指遍入也言之成理，表示受此咒语加持的男女，能遍至一切时空，了知过去现在未来三世之事。但后者另解作附身，则成为倒置，似乎是指三界天附身后，能问吉凶事。如果是指遍入，则是指实践者遍入一切吉凶事，也就是理解一切吉凶事之意。

---

① 《金刚峰楼阁一切瑜伽瑜祇经》，载于《大正藏》第 18 册，第 267 页上。
② 《金刚峰楼阁一切瑜伽瑜祇经》，载于《大正藏》第 18 册，第 264 页上。
③ 《金刚峰楼阁一切瑜伽瑜祇经》，载于《大正藏》第 18 册，第 268 页下。

阿尾舍出现的脉络和童男童女有关，因此易于辨明所指之附身状态。如下："金刚萨埵汝，更说阿尾舍。取童男童女，净浴新净衣，令彼萨埵誓，上安于白华，加持令掩面，再加一千八，彼即阿尾舍。彼身或住空，所有三世事，一切皆智者。"① 对照其与前引经文的不同处，是童男女需作"萨埵誓"，这可能是倒装用法，萨埵是梵语的字尾 sattva，又作萨多，广为流传者是菩提萨埵，即菩萨一词的词尾，于梵文里是清净的意思。应是指这些童男女在实行法术以前，需要求他们先行发誓。目的大概是要他们不得将法术内容泄露出去。此外，这些童男女需掩面，② 而且有神异的附身状态，他们会飘在半空中。

此外，阿尾舍一词，金刚智也用以指称某种法门，如《大胜金刚佛顶念诵仪轨》中："复若有行者，作种种降魔，及一切阿尾舍法者。我作十千金刚童子，则随意持诵者常住。"③ 但是金刚智的阿尾舍法并未书之成文。在《金刚峰瑜祇》中，金刚智并未

---

① 《金刚峰楼阁一切瑜伽瑜祇经》，载于《大正藏》第18册，第269页上、中。
② 受法者掩面、发誓，似乎是金刚智的法术必要程序。同一经文，另一处"金刚阿阇梨，教授诸弟子，以绯缯掩面，与彼作加持。令次阿阇梨，教彼萨埵誓，置华于印中，令彼散支分，随华所堕处，行人而尊奉。教彼本明印，令其作成就。"（参见《金刚峰楼阁一切瑜伽瑜祇经》，载于《大正藏》第18册，第267页中。）
③ 《大胜金刚佛顶念诵仪轨经》，载于《大正藏》第19册，第410页。

传授其他用阿尾奢法降附于童子或其他发光体等物，用来预知事件、问三世事的法术。而金刚智所译出的经典里，似乎不见其他关乎实用法术程序的内容。其译著经典多以密法本身的结坛、持咒、结印等相关程序为主，这些都和密教的冥想修持相关。① 然而，金刚智必然在此法的传承上有重大的影响，这是从后世留下的其他史料中得出之推论。宋朝赞宁（919—1001）在金刚智的传记里，保留有金刚智在唐朝宫廷实行此一法术的记录，且有此法后续之批评。

《宋高僧传》所载金刚智实行附身之法缘起，乃是应唐玄宗之命，为其第二十五公主治病延寿命。详情如下：

> 初帝之第二十五公主甚钟其爱，久疾不救，移卧于咸宜外馆，闭目不语，已经旬朔。有敕令智授之戒法，此乃料其必终，故有是命，智诣彼择取宫中七岁二女子，以绯缯缠其面目卧于地，使牛仙童写敕一纸焚于他所。智以密

---

① 此处所引之《金刚峰楼阁一切瑜伽瑜祇经》，按经名似与其他金刚智所译之金刚顶系列经典的名称有所出入，是否是假金刚智之名而出则不得而知。但按日僧空海（774—835），带回日本之目录收有此经，且有梵文咒语（参见《御请来目录》卷一之《梵字金刚峰楼阁真言并一百八名赞》一卷，载于《大正藏》55册，第1063页下），显示此经即便疑伪之作，亦出之甚早。房山石经亦刻有此经。

语咒之，二女冥然诵得，不遗一字，智入三摩地，以不思议力，令二女持敕，诣琰摩王。食顷间，王令公主亡保母刘氏，护送公主魂随二女至，于是公主起坐，开目言语如常。帝闻之，不俟仗卫，驰骑往于外馆。公主奏曰："冥数难移，今王遣回，略觐圣颜而已。"可半日间，然后长逝。自尔，帝方加归仰焉。①

这段叙述与《金刚峰瑜祇》之要点大致相同。被择为使者的是年幼的女子，只有七岁，需以布蒙住面目，然后施法。有趣的是，这段叙述结合了中国的意象。琰摩王，即阎王，本是中国的发明，而来自印度的僧人也入境随俗，遵循中国传统，写敕纸令使者前往地狱，与阎王沟通，令公主暂时还魂，与皇帝见面。此种方式在宋朝道士或民间信仰里亦颇常见。

这段记载还揭露另一个问题，设若两名七岁女子进入的乃是阿尾舍，即附身状态。金刚智为何是入三摩地，才能以不思议力命令她们至阎王处。三摩地和附身的关联为何？参考宋朝施护（？—1017）所译经典《佛说一切如来真实摄大乘现证三昧大教王经》，诸多三摩地的一种情形，是指得到五种佛教神奇力量的

---

① （宋）赞宁《高僧传》，载于《大正藏》第50册，第711页中、下。

基本状态。而金刚智译出的经典中，三摩地是常用的词汇，是指实行法术或仪轨所应具的身心状态。问题是仪式专家既然可以令充当使者的童子进入附身状态，为何他本身却不是进入此一状态与之沟通，而是进入所谓的三摩地。两者的对应关系究竟为何？是为僧传遗留下的问题。

另一项重点是赞宁的评传，评曰："五部曼拏罗法，摄取鬼物，必附丽童男处女，去疾除祅也绝易。近世之人用是图身口之利，乃寡征验，率为时所慢，吁正法醨薄，一至于此。"曼拏罗是曼荼（陀）罗的音译之一，梵语作mandala，金刚界曼荼罗有五部，分别是佛部、金刚部、宝部、莲华部、羯摩（业）部。①此为金刚智所传之密教内容，《金刚峰瑜祇》亦有所提及。赞宁的评论说明用童男女附身的方法，在宋朝时仍存在于佛教中，且祖述五部曼荼罗。换言之，在宋代提及此法仍推金刚智所传，而非如前按经典内容分析的结果，其实早于金刚智入唐前，此法即已流传中国。然而，可能自唐朝起，此法因为收有童男女为灵媒，且讲求其外形等，挟密宗之教势大盛，此法或也沦入恋童者或下流之人之，成为满足私欲的借口和工具，是以得此图身口之利的讥评。

---

① 参考周一良，第66页。

不空：魔醯首罗天与阿尾奢法

不空是金刚智的弟子，出生于斯里兰卡，北印度婆罗门后代（一说系出粟特，梵语作 sogdiana，今乌兹别克）。① 723 年，未满二十岁的他就跟随金刚智到达唐朝的洛阳，因此，他是到了中国方才正式出家。741—746 年出游印度和斯里兰卡，之后再回中国。756 年正值爆发"安史之乱"，他开始于长安大兴善寺译经，直至 774 年。不空在唐密经典的译著中居重要地位，据考《大藏经》里有 168 卷佛经出自其手。其弟子亦有重要著作，如慧琳的《一切经音义》（载于《大正藏》第 54 册）即是研究印汉语言学的重要著作。不空是少数与帝王有大量文书往来的僧侣之一，《代宗朝赠司空大辨正广智三藏和上表制集》（载于《大正藏》第 54 册）全文，也是重要的佛教经济史料。司马虚认为不空是唐密中至重要者，因为他长年居住中国，对于中国本地的宗教文化有更深入的了解，兼且通晓中亚和印度语言，以及印度和中亚的传统，能够代表当时印度密教（Tantric）传统。②

不空使用之阿尾奢音译相关词汇，除阿尾奢外，尚有阿尾

---

① 粟特人所居之地区，位于阿姆河与锡尔河之间的泽拉夫善河（唐代文献作那密水）流域。粟特人和汉朝的大月氏人据说属同一系。
② 司马虚：《中国法术药》2002 年版，第 228—229 页。

捨、阿尾舍等两种。阿尾捨是不空于经文中使用最频繁的词汇，次为阿尾舍，阿尾奢只用过一次，是在《速疾立验魔醯首罗天说阿尾奢法》(载于《大正藏》第 21 册，以下简称《速验阿尾奢》)作法术名称，且未针对阿尾奢有任何解释或定义。不空是唯一以阿尾奢作为经典和法术名称者，虽然阿尾奢一词使用频率少，又欠缺详细解释研判，却能标举作经典名称，应是此法传授对象已对其有所了解。换言之，阿尾奢一词在金刚智、不空等传法的圈子中，是以师承口传的方式流传，教导者和学习者皆对其有某种程度的共识。至于阿尾舍，于《金刚顶瑜伽金刚萨埵五秘密修行念诵仪轨》(载于《大正藏》第 20 册)里，作手印名称，叫"金刚阿尾舍印"。阿尾捨出现有多处，作咒语的发音标记内容以及指涉一种身心状态。如《金刚顶一切如来真实摄大乘现证大教王经》(载于《大正藏》第 18 册，以下简称《金刚顶教王经》)、《观自在菩萨如意轮瑜伽》(载于《大正藏》第 20 册)，还有前引《速验阿尾奢》，皆作咒音表记。以下先讨论主要经典《速验阿尾奢》，次及阿尾捨作为身心状态之意。

《速验阿尾奢》据其缘起应属印度教经典，因为开头是由那罗延天 (Narayana) 主动向魔醯首罗天 (Mahesvra) 提及此法，表示其坐骑迦楼罗 (Garuda)，也就是大鹏金翅鸟，可为修行者担任往来各界使者。此法之功用与前引各时期经典类似，作"成办世间所求事要",也就是可用于因应尘世间的诸般目的,如法与前引诸经同,亦为问事,即为预知未来各种吉凶事,可因应包括国境内的气候异常,如水旱灾,或是受到他国的军事攻击,境内的政治叛乱等。

问事是此法的重点,与其他经典不同处是只限于未来事之用,但是仍应用童男女。除咒语外,相关程序引述如下:

> 若欲知未来事者,当简择四五童男,或童女,可年七八岁,身上无瘢痕黡记,聪慧灵利。先令一七日服素食,或三日食。凡欲作法,要须吉日,或鬼宿,或岁宿直,甘露直,直日最胜。沐浴遍身涂香,着净衣,口含龙脑、豆蔻。持诵者面向东坐,身前以白檀香涂一小坛,可一肘量。令童女等立于坛上,散花于童女前。置一阏伽炉,取安息香,以大印真言加持七遍,烧令童女熏手,又取赤花,加持七遍,安童女掌中,便以手掩面。则持诵者结大印,二手合掌外相交,左押右虚,其掌即成,以此印加持自身五处,所谓额、右肩、左肩、心、喉,顶上散印即诵真言曰……。则以此印按其童女顶,则想于头上,三角赤色炽盛火轮,光诵真言七遍,火轮真言曰……。则以此印按童女口上,于彼口中想水轮,白色半月形,诵真言七遍,真

言曰……。次应移印按彼心中,想地轮形方黄色,诵七遍真言曰……。想风轮其形圆黑色,诵七遍真言曰……。次应以大印加持彼两脚,想迦楼罗,诵真言曰……。次应以大印诵甲胄真言,加持童女,遍身旋转,真言曰……。行者次应自身为魔醯首罗天,三目头冠璎珞庄严,头冠上有佛半月,项上青,十八臂,手持种种器仗,以龙为绅线,角络系。又彼涂血写及。须臾顷观自身已,次应以大印护彼童女一百八命节,真言曰……结其大印及诵真言,遍身旋绕加持,则护一百八种命节。次又以大印,真言加持花香及阏伽等。次以大印真言结十方界,则应对此童女前,诵魔醯首罗使者真言曰……。此真言应诵七遍,则彼童女战动,当知圣者入身,则更弹指诵真言。若无现验,次诵摧迫使者真言曰……。阿尾捨阿尾捨……,诵此真言必速应验。问未来善恶一切灾祥,若不语或语迟,则结棒印,二手合掌,二无名指外支,二中指并立,二头指各钩无名指头,二大指各令押中交,诵真言曰……。

结此棒印,则语问种种事已,以大印真言加持阏伽,三洒童女面,即结解。①

---

① 《速疾立验魔醯首罗天说阿尾奢法》,载于《大正藏》第21册,第329页中—330页中。

这一大段一千多字（含咒语）的经文，占去全经的大半篇幅，显示它是阿尾奢法中重要的法术程序。《速验阿尾奢》所载附身相关程序，较诸先前传承的程序更为详尽，摘要整理如次：

（1）择童男女，除岁数、形貌要求类同外，还要求聪明。

（2）需素食，这是新加入的规定。

（3）择日，先前经文无此限制，是可随机而施的法术。

（4）沐浴净身，这几乎是固定的程序。

（5）令童女立坛上，先前的法术程序未见记载。然而，此一程序似乎在中国以变形的方式传承下来。《夷坚志》里有一则以童子附身的法术记载，童子即立于桌上。①

（6）以咒、印加持童男女各身处。这是记载最为详尽的经文，先前都只约略述及，《速验阿尾奢》则完整地交待整个流程，也包含咒语的内容。

（7）蒙眼目，是始自金刚智的记载，反映不空法术师承金刚智。但是不空采取的是以手蒙面而非布缯之类。

（8）诵使者真言后，童子战动，战即颤，使者应是附身至童子者。前引最早的《王咒经》里即有"童子身动"之文。于《速

---

① 参见《夷坚志》己志卷十，《界田义学》，"有道士能考照祟祸，呼视之。命小童立卓上，遥望之次。卓即桌。"

验阿尾奢》此一描述有了更详尽的交待，原来它表示降神附身成功。何以善无畏、金刚智讨论私那附身时皆未述及这点？有可能因为不空较能通晓中国文字，有机会参酌先前中国佛教经典，或是此一方法已在中国实施，用以判断附身的征候已为实践者知悉。相关史料无法对此说明，但司马虚认为它和目前吾人在台湾可见的乩童实践类同，有其历史传承的意义。①

（9）以魔醯首罗天为此法的主要神祇，此一线索或许应当和上一点一并考量。正如阿尾奢传入之初，它和不空罥索观音一并传入，被视为观音的重要化身之一。不空著译此经典所使用的内容，似乎跳越了前两位重要的唐密师承，接续更早传入中国的法术传统。

阿尾捨是不空沿袭金刚智的用词，出现在多处经文里，例如《金刚顶教王经》：

> 结忿怒拳，摧萨埵金刚印，随意金刚语，诵大乘现证百字真言，则阿尾捨。才阿尾捨已，则发生微妙智，由此知他心，悟他心，于一切事知三世，其心则得坚固，于一切如来教中，悉除一切苦恼，离一切诸恶趣。于一切有情

---

① 司马虚：《中国法术药》2002年版，第200—206页。

无沮坏，一切如来加持。一切悉地现前，得未曾有。生喜悦安乐悦意，由此安乐等，或成就三摩地，或陀罗尼门，或一切意愿，皆得满足，乃至成就一切如来体性。①

阿尾捨在这个段落里与前述宋《高僧传》的描述有关，指的是一种特定的身心状态，修持者经由念诵此咒进入此状态后，能够得到特别的智慧，且到达三摩地。推测阿尾捨是这个方法的基础阶段。问题是，为何七八岁童子于被动的情形下，由密宗修持者施以特定程序后，也能得到此身心状态，它和修持者本身所达到的有何不同？两者的差异似乎不大，应该都是借由超越的力量"加持"，而非修行者本人的法力或修持力量所致。因为同一经典另一段落有"即结金刚遍入三昧耶印。诵此心真言……，则成遍阿尾捨，如亲友加持。"其意应该也和下引经文情况类同。"复次成就事业，诵一遍护身；两遍护他，及城邑聚落；三遍，即能成办一切事业。若阿尾捨，应烧檀香（加持八百遍，炉中烧熏支分）。若息诸鬼魅者，加吽唎（二合）字诵之。"② 都是持咒以达成的一种身心状态。

---

① 《金刚顶教王经》，载于《大正藏》第18册，第218页中。
② 《金刚顶降三世大仪轨法王教中观自在菩萨心真言一切如来莲华大曼荼罗品》，载于《大正藏》第20册，第31页中。

另外，较明确指附身状态的段落出现于《金刚手光明灌顶经最胜立印圣无动尊大威怒王念诵仪轨法品》"又法壁画剑，以俱哩迦龙，缠交于剑上。加持一千遍，剑中观䑛字，发生威焰光，令病者看之，便即阿尾捨，问者皆实说。"① 这似乎是以咒语加持在剑上，用于治疗被鬼魅附身者。同一经典也有以镜子、画像、童男女用以问三世事的方法。"又法或以镜，中看一切事。或辟画像上，问看诸事等，皆得随意应。又法以无病，童男或童女，作阿尾捨法，问三世诸事，皆悉得成办。"② 这些内容已如前述各阶段的主题，令神灵附身于童男女或物体上，以提供问事等服务。③

如上内容已说明不空使用阿尾捨一词的情形，并由此得出他传授的阿尾奢法内容。此一附身问事之法，于不空的时代发展成为一独立经典，即《速验阿尾奢》。虽然在其他经典吾人也可发现相同的法术，但大抵都附属于其他仪轨之下。此法于不空传承之重要性不言可喻。

---

① ② 《金刚手光明灌顶经最胜立印圣无动尊大威怒王念诵仪轨法品》，载于《大正藏》第 21 册，第 6 页中。
③ 阿尾捨尚有用于和手印相关的内容，但词义难解。司马虚认为这是一种速成的阿尾奢法。于《一字奇特佛顶经》卷上作"开竖二胜是令语印。即前根本印。并竖二轮不着盖顶，令阿尾捨，互摇动令倒，互相系令语，互相缠令舞，各掷散令无毒。"（参见《大正藏》第 19 册，第 289 页中）

然而，于不空的时代，以童子附身降神，是否为唐密所独有呢？查考唐朝小说并非如此。唐小说《广异记》有一则《王法智》的故事可为说明，大历年间（766—778）在桐庐①地方有女子王法智，自幼奉事郎子神。小时候突然被一名原籍京师的文士滕传胤附身，结果以此能力经常被当地士人邀请共同吟诗对谈。②这则故事显示当时中国各地原有的巫、觋等，可能已在民间进行相似的服务，郎子神或许就是这类巫、童所侍奉的主要神祇。即使佛教内部，这类附身的现象，也有另一种轮回转世的新解。例如，同载于《比丘尼传》和《冥祥记》的六朝故事，元嘉九年（432），东官地方曾城（可能即今惠州地方），有姓氏为宋伦者，两个分别为十岁和九岁的姊妹，突然消失数日，再次出现时即解外国语，识梵语，通晓佛典。再次消失又出现后，两人已作比丘尼貌，成为佛教人士。她们宣称遇见佛和比丘尼，因而出家。有趣的是她们再次返家后，"女既归家，即毁除鬼座，缮立精庐"。说明这两位宣告自己宿世有缘因而出家的女子，她们家中原本即可能设有神坛，只因为其改宗后，原奉祀之神灵即成为负面之鬼。换言之，关于以童子为附身降神之用，唐朝以前时人即于这类现象有所目击、耳闻。由此观之，于不空所展现的唐密

---

① 浙江省富春江边一个县的地名。
② 参见《太平广记》，卷三百五。

阿尾奢仪式，其特色应在于有着严密的仪式内容，以咒语施行，讲究实践场所的坛场布置等，而非以童子为中介用以问事为特出之处。这也是相应于附身这类宗教实践、制度性宗教特出之处，而唐密无疑于此发展出一套方法将之吸纳为己所用。此一法门在不空之后，其徒惠果曾于皇帝前再次展示，甚得赞赏。① 想见此法在亚洲有相当的流行。

结 论

以上讨论了唐密阿尾奢一词的发展历程，借由自七世纪末《不空胃索陀罗尼自在王咒经》，至八世纪中左右不空译著《速疾立验魔醯首罗天说阿尾奢法》为止，描述和讨论阿尾奢一词作为唐密的关键字和法术名称，在中国约五十年至七十年之内的发展。从经典发展的角度，《速验阿尾奢》是阿尾奢法发展的高点，该经典将此法的相关程序巨细靡遗地记载下来，成为一部两千多

---

① 《大唐青龙寺三朝供奉大德行状》卷一："亲承指示，先师在内所得，恩赐等尽将奉上三藏和上，充授法之恩。每于阁下，节食邀期，时念凡经数遍。年二十五，特奉恩旨诏命入内，于长生殿，当时有敕唤，对问：'师有何功效？'夹天云：'微僧未有功效，奉敕便诚。'当时唤童子八人，考召加持。恩命所问，尽皆成就转瓶合竹，并得成就，帝乃大喜。"（参见《大正藏》第 50 册，第 295 页上。）司马虚认为是为考召法缘于佛教之证，此说犹待查考。

字的简洁经典。不空著此经典,应是希望将此法门有效地扩展。因为若欲扩展其宗绪,把教导主要的内容浓缩转化为文本,能够首尾一贯又有效率地传授,将原本是口传的内容书写成文是自然而然的做法。尤有甚之,《速验阿尾奢》并不存在于印度的文本当中作为师承秘传的口授传统是合理的推测。

司马虚视阿尾奢为附身,为亚洲的重要普传宗教现象,也是制度化附身重要的一环。① 如根据"童子身动"或是入童子心中的描述②,中国人确有可能视阿尾奢为附身状态。但前述佛经的译著者似乎无意对阿尾奢一词有所定义,只以遍入一词为解,以及夹杂经文中,用以指涉某种身心状态。分析这些经文呈现的阿尾奢一词,它较似于法术圈内的一个口语上的惯用词汇,用以描

---

① 司马虚的制度化附身(institutionalization possession)界定如下:"从师徒传承为菩萨转世,乃至用童子为灵媒等皆是。主要有三种层次:(1)宗教师本身的转世、开悟成为神祇格的佛菩萨。(2)将神祇呼召到神像上。(3)用童子作媒介。主要用在医疗上是为了取得必要资讯。而天界的资讯可显现于剑、镜或其他光亮物上。"(参见司马虚:《中国法术药》2002年版,第270—273页。)
② 《不动使者陀罗尼祕密法》卷一:"假令无画像,但清净处或寺中,得一间净房,无人闹,即得念诵,一切世间鬼神、病疟等,诵七遍,或至二十一遍,无不即差。于此画像前,净泥地烧安悉香,取一明镜,当心安之,口加念诵,令一小儿女子等,看镜中,问其所见,即皆言说,所求愿事。须唤龙神,但得名字,立童男女清净者,诵咒咒之,其神等入此童子心中,便共行者语,三世之事,所问皆答。"(参见《大正藏》第21册,第24页中)

述某些较贴近此法在原来的印度或中亚的宗教情境。中国早前使用的凭、附、降等与附身相关动词，不论是早出的《佛图澄传》及其相关记载，或是后出的《速验阿尾奢》，皆未见使用。阿尾奢法相关记载皆和原本存在于中国的用词保持距离，甚至无人意识到它和古老的巫者相关。或许这与相关法门流传方式始终在某些仪式专家社群流传，且被要求立下誓言不得传非其人有关。①

然而，吾人亦应不能忽视唐密之所以如此处理相关词汇，正是将附身制度化的一环，使用不同词汇正为与民间本已存在的"童巫"区隔。对照《广异记》《冥祥记》等记载，与阿尾奢法类似的实践显然存在于中国本地。阿尾奢法之所以传播，与此本有基础存在不无关联。因此，在一方面，宋朝宗教世界里的阿尾奢只存于《大藏经》的经典篇名，于水陆会中袭诵其名，其法却不见传承。在另一方面，宋朝各种用童子凭身降神的宗教实践却大行其道，也说明着这类法术传播的变迁轨迹。

然而，阿尾奢的相关实践，并非如司马虚认定限于宗教医疗。根据佛图澄及相关记载，问事、取得资讯是阿尾奢法的根本目的，它可用于军事、政治之上，也可能在民间被大众用以娱乐

---

① 《速疾立验魔醯首罗天说阿尾奢法》卷一："此法一切迦楼罗法中最殊胜，秘密难得，汝当拣择法器，堪传授者而传，与非人器，人即损他，已后此法不成，是故应极秘密，勿妄传授之。"（参见《大正藏》第21册，第330页中）

休闲,如王法智者。宗教医疗里用以治疗癫狂、被魔所附者只是它的应用范围之一。或许这也是它大众化的重要原因。因此,它能够在已有佛道教和民间宗教中,挟其异国情调的优势受到皇室的青睐。至于阿尾奢是否等同于民间巫者的附身,也就不太受人注目,毕竟,这是在中国行之已久的实践,并非是新鲜事。在多元的宗教市场里,附身问事"不得成就,为人所笑"① 恐怕才是宗教仪式专家的梦魇。当然,阿尾奢法在中国的发展,仍有许多待解的课题,例如"童子用以附身"与"作为中介者的使者多作童子形",其间有何关联?阿尾奢法与宋朝道教法术实践的异同是什么?这些都是仍待开发的中国宗教世界。

[作者系台湾《海潮音》杂志主编]

---

① 《苏婆呼童子请问经》卷二:"不得成就,为人所笑。"(参见《大正藏》第18册,第728页中)

论"礼崩乐坏"是儒学走向衰落的重要原因

——兼以佛教礼乐的发展进程为例

夏金华

摘要：礼乐，是人类特有的文化形式之一。其规范人们的日常行为和激发人们自觉意识的作用是毋庸置疑的。从两千多年儒学的衰落与"礼崩乐坏"基本同步的走势可以看出，后者是导致儒学衰微的重要原因。与此相反，中国佛教却格外重视礼乐的教化作用，除了引进印度原有的梵呗之外，更在很大程度上吸收儒家及其传统礼乐，融合形成了具有本土特色的礼乐制度，成为推动佛教发展的有利因素。即使在佛教遇到空前沉重的打击之后，依然能依托礼乐起到潜移默化的作用，迅速得到恢复与发展；而儒家却由于缺乏礼乐文化的有力支持，未能做到这一点。这也从反面证明礼乐对于儒学复兴所具有的重要意义。

关键词：礼乐文化；儒学；佛教礼乐

礼乐，是人类特有的文化形式之一。古代礼乐源自上古先民的尊祖意识和祭祖习俗，在历经夏、商、周三代的历史演化后被逐步扩大，并系统化和制度化，汇集成为一整套的典章、制度、规矩和仪式。礼的作用在于建立一种社会生活中人们共同遵循的秩序和行为范式。若从宗教的层面来说，则是一种人神沟通、天地和谐的中介和表现形式。乐，则由人心而生，是促成礼的"增上缘"，它不仅丰富礼的形式和内涵，而且增强礼的感染力，即《礼记·乐记》所谓"礼以道其志，乐以和其声"也[1]。礼乐并称，同时与刑、政相配合，从而达到"经国家、定社稷、序民人"之目的[2]。要不然，"礼崩乐坏"或"无礼义，则上下乱"[3]。因为礼、乐、刑、政四者，共同构成了古代的治国之道[4]。礼乐的重要性，由此可见。而作为自命承担礼乐文化使命的儒家，其

---

[1] 《礼记·乐记》，载于《黄侃手批白文十三经》，上海古籍出版社1983年版，第131页。
[2] 《阮元校刻十三经注疏》，中华书局1980年版，第1736页。
[3] 《阮元校刻十三经注疏》，中华书局1980年版，第2774页。
[4] 《礼记·乐记》云："礼以道其志，乐以和其声，政以一其行，刑以防其奸，礼乐刑政，其极一也。所以同民心而出治道也。"

价值理想本来就是从夏、商、周"三代"的礼乐制度中引申出来的。一旦礼乐崩溃，四者之中失去其半，仅剩刑、政二者，如同巨人被斫双臂，其作用自然大打折扣了。

综观儒家在中国两千余年封建统治中所充当的角色，大致如此。儒学的衰落主要出于礼乐之丧失，后世乃至于近世的疲弱不振，亦与此密切相关。特别是佛教、道教礼乐的兴起与发展，完全挤兑了原本属于儒家的宗教地盘，使得儒家礼乐无法得到复兴的空间。近代以来，国内外学界、社会贤达甚至某些政界要员为"儒学复兴"而竭尽全力，但收效甚微，正与上述两个原因息息相关。本文之探讨，意在引起学术界对这种现象的足够重视。

一

"礼崩乐坏"，是春秋时代最大的特征之一。在这一长达240年的时间里，弑君事件多达36起！其中还有子弑父者，如楚国太子商臣等人。而贵族士大夫窃国专权者，有鲁国的季、孟、仲氏，齐国的田氏及晋之六卿。此外，大夫的家臣也起来反对其主人，原先"自大夫出"的政权，又下移至"陪臣执国命"。[1] 面

---

[1] 《论语·季氏》，载于《黄侃手批白文十三经》，上海古籍出版社1983年版，第33页。

对周礼日趋式微的局面，孔子曾有过"八佾舞于庭，是可忍也，孰不可忍"之怒吼①，尽管这是针对当时鲁国季氏家族的越轨行为而发，充满了极度的忿恨与无奈，但意义自然不止于此。其见微知著，意识到问题的严重性，所以千方百计试图恢复周朝的礼乐制度，用心良苦，却又未见成效。于是，在"仁"和"礼"两者之间，孔子改变了过去那种以"礼"为先的做法②，而选择将"仁"作为核心，"礼"遂成为实现"仁"的手段和途径，以达到"天下归仁"之目的。孔子说：

"克己复礼为仁，一日克己复礼，天下归仁焉！为仁由己，而由人乎哉？"颜渊曰："请问其目。"子曰："非礼勿视，非礼勿听，非礼勿言，非礼勿动"。③

---

① 《论语·八佾》，载于《黄侃手批白文十三经》，上海古籍出版社1983年版，第4页。
② 在孔子之前，"仁"已广泛应用。《左传·昭公》云："古也有志，克己复礼，仁也。"古时"仁"为"礼"服务。据统计，《左传》提到"仁"33次，"礼"462次。此外，"礼"的重要性，在先秦文献中也有阐述，如"礼，经国家，定社稷，序民人，利后嗣也。""夫礼，国之纪也。""礼，国之干也。"而《礼记·礼运》所说："夫礼，必本于大一，分而为天地，转而为阴阳，变而为四时，列而为鬼神。"已将"礼"上升到了哲学的高度，对礼的价值有了更进一步的认识。
③ 《论语·颜渊》，载于《黄侃手批白文十三经》，上海古籍出版社1983年版，第22页。

因此，他一生汲汲奔走，不遑宁处，为的就是恢复周礼。然而，孔子将"仁"作为其思想核心之后，依然非常重视"礼"的重要性，如其特别强调的"不学礼，无以立。"① 在孔子看来，礼是"先王以承天之道，以治人之情。故失之者死，得之者生"。② 因而治理乱世之方在于，回到周礼的秩序中来，正如其所说：

> 道之以政，齐之以刑，民免而无耻；道之以德，齐之以礼，有耻且格。③

引文的大意是，如果加强政府对社会的管理，运用刑法来规范老百姓的日常行为，使之变得规规矩矩，但却丧失了廉耻之心；倘若采用以道德教化社会，以礼法来约束人们的行为，国民不仅能知廉耻，而且举手投足，中规中矩。孔子对实现自己理想社会的信念，矢志不移，即使在颠沛流离之际，依然间有"终日弦歌不绝"之举。关于儒家重视礼乐的实际情形，我们除了看上述引文"礼"的重要性和"非礼勿视""勿听""勿言""勿动"的

---

① 《论语·季氏》，载于《黄侃手批白文十三经》，上海古籍出版社1983年版，第35页。
② 《礼记·礼运》，载于《黄侃手批白文十三经》，上海古籍出版社1983年版，第79页。
③ 《论语·为政》，载于《黄侃手批白文十三经》，上海古籍出版社1983年版，第2页。

具体措施之外，还可以从站在其对立面的墨子指斥儒家的语言中得到印证：

> 繁饰礼乐以淫人，久丧伪哀以谩亲，立命缓贫而高浩居，倍本弃事而安怠傲。①

其中的"繁饰礼乐"四字，足以说明儒家对礼乐的重视程度。但是，孔子之后，战国时期的礼乐制度已基本处于急剧衰微阶段。

> 如春秋时犹尊礼重信，而七国则绝不矣；春秋时犹宗周王，而七国则绝不言王矣；春秋时犹严祭祀、重聘享，而七国则无其事矣；春秋时犹论宗姓氏族，而七国则无一言及之矣；春秋时犹宴会赋诗，而七国则不闻矣；春秋时犹有赴告策书，而七国则无有矣。邦无定交，士无定主，此皆变于一百三十三年之间，史之阙文，而后人可以意推者也，不待始皇之并天下，而文武之道尽矣。②

---

① 《墨子·非儒下》，载于严灵峰编辑《墨子集成（二）》，台北：成文出版有限公司1975年版，第331页。
② 清顾炎武《周末风俗》，载于《日知录集释》，岳麓书社1994版，第467页。

而且就儒家本身来说，孔子之后，一分为八，按《韩非子·显学》所言，"有子张之儒，有子思之儒，有颜氏之儒，有孟氏（孟子）之儒，有漆雕氏之儒，有仲良氏之儒，有孙氏（荀子）之儒，有乐正氏之儒。"但其中具有重要地位和影响力的，是孟子和荀子两派。荀子将"礼"的功能深化，赋予"法"的含义，其所撰《礼论》《乐论》各一篇，讨论这一问题，他主张以法辅礼，认为"礼者，法之大分，类之纲纪也。"① 有礼、法并举的倾向。但两汉以降，真正在中国哲学史上起重要作用的，还是以孟氏一系为最大。这是因为孟子对孔子的核心思想——"仁"作了深度和广度两方面的阐释和扩展：

（1）在"仁"的基础上，进一步开出心性之学，包括人性论、修养工夫等学说，对后世影响深远，尤其是宋明理学。

（2）孔子的"仁政"仅有几条原则，孟子从中扩展出系统的"仁政"思想，大加推广。

遗憾的是，除了为实现其"仁政"理想即"贤君必恭俭礼下，取于民有制"之外②，我们很少看到孟子对"礼"的坚持与

---

① 《荀子·劝学篇》，载于严灵峰编辑：《荀子集成（一）》，台北：成文出版有限公司1977年版，第5页。

② 《孟子·滕文公上》，载于《黄侃手批白文十三经》，上海古籍出版社1983年版，第28页。

发展。虽说中国礼乐经过战国之后有了转型，甚至上升到哲学的高度，进入理性的思考，如"夫礼，必本于大一，分而为天地，转而为阴阳，变而为四时，列而为鬼神"，甚至提出"礼运大同"之社会理想①。然而，日常的礼乐却江河日下，复经始皇嬴政"焚书坑儒"后，更是一落千丈。从此，作为儒家"六经"之一的《乐经》也失传了。

至西汉时期，汉武帝采纳董仲舒的建议，"罢黜百家，独尊儒术"，儒学遂成为我国封建统治阶级的官方意识形态。武帝立"五经博士"，"礼"为其一，并立大、小戴《礼记》二博士②，礼乐之学迎来了复兴的春天。朝廷以经取士，故公卿、大夫、士吏无不通经。且汉人最重师法，师之所传，弟子之所受，次第传承不绝。《汉书·儒林传》曾记载有关《礼记》之学的传承系统，其中说："孟卿，东海人也，事萧奋，以授后仓。……仓说《礼》数万言，号曰《后氏曲台记》，授……梁戴德延君、戴圣次君。"

---

① "礼运大同"思想出自《礼记·礼运》。该篇描述了儒家"天下为公"的"大同"世界，主要内容是："大道之行也，天下为公。选贤与能，讲信修睦。故人不独亲其亲，不独子其子。使老有所终，壮有所用，幼有所长，鳏寡孤独、废疾者皆有所养。男有分，女有归。货恶其弃于地也，不必藏于己；力恶其不出于身也，不必为己。是故谋闭而不兴，盗窃乱贼而不作，故外户而不闭。是谓大同。"

② 汉代《礼记》今文学派分为三家：（1）大戴，戴德；（2）小戴，戴圣；（3）庆氏，庆普。由于庆氏不立于学官，故仅有大、小戴二家。详阅《汉书·儒林传》。

两汉重经术,自然促进了礼乐的发展。

然而,弊端也正在于此,经学"大师众至千余人""一经说至百余万言",严重脱离实际,终至遭到社会的抛弃,故而表面的繁盛难逃衰败之命运。对此,班固曾一针见血地指出:

> 古之学者,耕且养,三年而通一艺,存其大体,玩经文而已。是故用日少而畜德多,三十而五经立也。后世经传既已乖离;博学者又不思多闻阙疑之义,而务碎义逃难,便词巧说,破坏形体,说五字之文至于二三万言;后进弥以驰逐。故幼童而守一艺,白首而后能言。安其所习,毁所不见,终以自蔽。此学者之大患也。①

由此可见,整体上说,汉代依然只在儒学的思想学说方面着力,礼乐的保持仅在宫廷及官场,如上下朝、祭祀等,民间礼乐的使用逐渐处于萎缩。

魏晋之乱后,咸阳、洛阳俱为丘墟,礼乐制度又一次遭受巨大的破坏,汉儒苦心收集整理的经秦火后的残余,再度归于散佚。于是,六朝以降,陈、梁旧乐已夹杂南方吴楚之音,而北

---

① 《汉书·艺文志》,载于《汉书》卷三十,中华书局1962年版,第1723页。

周、北齐的旧乐,则多有西域及北方少数民族的成分。至隋时,中原地区宫、商、角等七声已不能通,只得借助于龟兹乐人苏祗婆的琵琶七调,始得其正。(当时流行的"九部乐",皆以琵琶为主要乐器。)唐承隋制,音乐达于极盛,如著名的安乐、太平乐、破阵乐、上元乐、大定乐、圣寿乐、光圣乐等,但若除去西域传来的龟兹乐,则不成调①。由此可见,中原儒家之乐已几无可言者,此与韩愈哀叹儒家道统的断裂也是相同步的。

好在隋朝以降,历代实行科举取士,读书人读圣贤书,通过科举成为进身之阶,儒家的礼乐之学赖以部分保存,还不至于被完全湮没,但与孔子时代当然已不可同日而语。也因此,唐代的李翱承接韩愈复兴儒学道统的使命,为实现其提倡的"性命之道",虽在《复性书》的上篇中一再强调"制礼以节之,作乐以和之,所以教人忘嗜欲,而归性命之道也。"然而,在佛教礼乐如日中天、儒家礼乐大势已去的形势下,他极力呼吁的实际效果几乎等于零。宋明理学家出于振兴儒学之目的,积极向佛教学习,但窃取的也仅仅是义理内容,礼乐教化的努力成效甚微。这里仅举二例,以资说明:

(程颢)每见释子读佛书,端庄整肃,乃语学者曰:凡看

---

① 向达:《唐代长安与西域文明》,生活·读书·新知三联书店1987年版,第56—63页。

经书，必当如此。今之读书者，形容先自怠惰了，如何存主得？一日，过定林寺，偶见众僧入堂，周旋步武，威仪济济，一坐一起，并准《清规》，乃叹曰："三代礼乐，尽在是矣。"①

（司马光）暇日游洛阳诸寺，廊庑寂寂，忽声钟伐鼓，至斋堂，见沙门端坐，默默方进匕箸。光欣然谓左右曰："不谓三代礼乐在缁衣中？"②

从程颢、司马光面对僧侣威仪整肃而发出颇有酸味的感叹，我们不难体会，当时儒家礼乐衰败的真实情景。尽管出于维护儒家的脸面，程颐还曾经为弟子们打气，但他心里其实是非常明白的③。宋明以降，儒学终于复兴，并成为封建统治者永久的官方意识形态，流于皮相的官场之礼、文士之礼，因儒学成为显学而得以保留。然而，整体礼乐文化的实质始终一仍其旧，完全让位于佛教和道教了。

---

① 《佛法金汤编》卷十二，载于《卍续藏》第八十七卷，第423页上。
② 《佛祖统纪》卷四十五，载于《大正藏》第四十九卷，第412页下。
③ 程颐尝对弟子们说过"人往往见礼坏乐崩，便谓礼乐亡，然不知礼乐未尝亡也。如国家一日存时，尚有一日之礼乐，盖由有上下尊卑之分也。除是，礼乐亡尽，然后国家始亡。虽盗贼至所为不道者，然亦有礼乐。盖必有总属，必相听顺，乃能为盗，不然则叛乱无统，不能一日相聚而为盗也。礼乐无处无之，学者要须识得。"（参见《二程集》，中华书局1981年版，第225页）这是程氏从内在来理解"礼"的，却忽视了外在的礼仪照样可以影响人的内心。尽管如此，我们依然可以从他的言语中看出当时儒家礼乐严重的衰落现实。

近代以来，随着废除科举，实行新式学堂，读书人借科举为晋身之阶的路被堵死，复经"五四"运动——"打倒孔家店"的扫荡，儒家的礼乐制度终于被连根拔除，只剩下纯粹的哲学理论，彻底没有了任何宗教性的功能。

因此，从春秋时期一直到近代数千年儒家的历史流程来看，是与礼乐的衰亡过程相始终的。礼乐制度的生命力在于进入普通百姓的日常生活，才能持久不衰，如基督教在胸前划十字、佛教徒双手合掌等，正是这些看起来似乎微不足道的小事，日复一日，年复一年，无形之中起到了延续传统制度文化的强大作用。儒家礼乐活动的丧失，使之失去了对民众无形的号召力和凝聚力，从而走向日薄西山的境地。

二

与儒家日趋轻视礼乐作用的做法相反，佛教传入中国后，那些原先出身于儒学世家的佛教徒深深懂得礼乐对于宗教传播与发展的重要性，因而汲汲于佛教礼乐的建制，一方面，积极地向儒家学习各种礼乐习俗作为自己礼乐制度的一部分，同时大量引入天竺的礼乐，加以综合利用，以致形成了具有本土佛教自身特色的礼乐文化，佛门里习称为"梵呗"。梁朝高僧慧皎创制了《高僧传》分为十科的体例,其中有"经师""唱导"二科,即指佛教礼乐之种类,"以宣唱法理,开导众心"为务。在说明为何要设立此科时,慧皎以为,"其转读宣唱,虽源出非远,然而应机悟俗,实有偏功"。① 充分道出了佛教礼乐的重要性。礼乐文化之发达,为华夏佛教的深入人心和不断壮大起到了推波助澜的积极作用,与儒家的衰微不振形成了鲜明的对照。

天竺所传之"梵呗",属于"声明"一类,原是该国远古的先知们借助于天地间各种自然之音加以整理而成,并成为一种专门的学问。各种宗教均重视"声明"的作用,佛教也不例外。主要用于三个方面:(1)讲经说法的仪式,用在讲经前后;(2)一日六时行道,也就是后世的《朝暮课诵》;(3)各类忏法,如法华忏、梵网忏、大悲忏等。佛教界的许多忏法格外重视歌咏赞叹,以起到化导世俗的作用。

佛教初传东土时,大众集合,仅限于唱佛名、敬礼佛陀等而已,是没有音乐配合的。这是由于梵音多复,汉语单奇,如用梵音唱诵汉语经文,则显得声繁而偈迫;以汉曲歌咏梵文,则又韵短词长,不相匹配。所以当时翻译经文者多,传授声呗者少,但不是没有。早在三国时,有康僧会在吴国翻译佛经的同时,"又

---

① (梁)慧皎:《高僧传》序录卷十四,载于《高僧传合集》,上海古籍出版社1991年影印本,第97页。

传《泥洹呗》声，清靡哀亮，一代模式。"① 可惜后来失传了。因此，中国佛教运用梵呗，除了接受印度的方式之外，还要结合本土的传统特征自我发展才行。我国佛教界对于梵呗形成的传说是，魏陈思王曹植游鱼山（今山东省东阿县境内）时，闻虚空中有梵天之音，清雅哀婉，动人心魄，遂摹其音律，写为梵呗。

降至东晋、宋、齐之世，梵呗又有发展。如北方的佛教大师道安，鉴于当时出家者众而印度原有律典尚未传来之形势，就根据本土古礼结合佛经义理，自制僧尼轨范，条为三例：一曰行香、定座、上经、上讲之法；二曰常日六时行道、饮食、唱时法；三曰布萨、差使、悔过等法。这些规范的设立，对于佛教僧团的发展成效显著②。梁《高僧传·支昙籥传》也记载，支氏"少出家，息吴虎丘山。……特禀妙声，善于转读。尝梦天神授其声法，觉因裁制新声。"当时尚有僧饶、道慧、智宗、昙迁、昙智、僧辩等亦精于梵呗之学，颇有贡献。尤其是僧辩，在其晚年，"更措意斟酌，哀婉折衷，独步齐初，声震天下，远近知名，

---

① （梁）慧皎：《高僧传》卷一《康僧会传》，载于《高僧传合集》，上海古籍出版社1991年影印本，第7页。
② 东晋名士习凿齿在《致谢安书》中称赞道安说："来此见释道安，故是远胜，非常道士，师徒数百，斋讲不倦。无变化技术可以惑常人之耳目，无重威大势可以整群小之参差；而师徒肃肃，自相尊敬，洋洋济济，乃是吾由来所未见。"（参见《高僧传》卷五，载于《高僧传合集》，第32页）僧团礼仪规范的作用，由此可见。

后来学者莫不宗事。……传古《维摩》卷一契,《瑞应》七言偈一契,最是命家之作。"后来,他的弟子慧忍会同其他经师,"斟酌旧声,诠品新异,制《瑞应》卷四十二契",形成了比较完备的中国化梵呗系统。据陈寅恪先生的研究,"上录《高僧传》所载善声沙门,几乎全部都是在建康的西域胡人,或建康的土著。"根据他们的生卒年推算,"建康经呗之盛,实始于南朝刘宋的中期,而极于萧齐的初年。"①

到了萧梁时代,由于武帝崇敬佛法,更借用当时裁定雅乐的机会,大力吸收印度佛教梵呗,促进了佛教音乐融合本土化的实践,如梵呗音谱所用十二音律的音阶,也是由我国自古相传用以表示音律高低的"五音七声"变动而来。如图所示:

古传五音之中,以宫调为最低,依商、角、徵、羽

律	中(雅乐之旋曲)	吕(雅乐之旋曲)	律(雅乐之吕律)
甲 1	宫	宫	宫
12		变宫	
11	羽	羽	婴羽
10		羽	羽
9			
8	徵	徵	徵
7		变徵	
6	角	角	
5		角	
4			婴商
3	商	商	商
2			
1	宫	宫	宫

---

① 《佛教之于四声》,载于陈寅恪:《魏晋南北朝史》,贵州人民出版社2007年版,第308—310页。

的顺序次第增高。又在"角"下加"变徵","羽"下加"变宫",乃成七声。七声又有律旋、吕旋之别。所谓吕旋,是指在五音之外,加上变徵、变宫而成;而律旋,则是在"商"下加"婴商"、"羽"下加"婴羽"而成。梵呗音谱十二音阶的出现,进一步促成了寺院梵呗形成定型的仪式成规,并成为后世遵行的基本范式。如佛门代代相因的《水陆仪轨》,就是梁武帝夜梦神僧教授水陆斋会,觉而求其仪,自行撰集而成,并于天监七年(508)(一说天监四年)于镇江金山寺初设水陆道场。从此,至今流传不绝。

密教,可以说是佛教里最为重视仪式的宗派。其中的礼仪唱念,异常丰富,但其大规模的输入,是在盛唐时代。虽然后来唐密消亡,但其唱念仪式却多在佛门的日常课诵中保留下来,如后世寺院的"放焰口"仪式,多采用密教的法器、服饰和教义偈颂,尤其是《华严字母》的曲调,哀婉凄恻,综合了许多宗派的义理和习惯做法,成为中国和印度梵呗融合创新的典范之作。对于历来重视"慎终追远"的中华民族来说,极大地满足了佛教信徒对已故先人缅怀之情的需要,这是后世儒家所无法企及的。

此外,密教还以我国古传的宫、商、角、徵、羽五种音调,拟配教义中的五智、五佛、五部、五色等①，作为曼荼罗（坛场）的内容之一。从《无量寿经》所说"清风时发，出五音声；微妙宫商，自然相和"的经文中得到启发②，唐代净土宗的大师——法照也融合宫、商等五音，以为经中描述的极乐世界的七宝诸树，清风吹时，便发出五音之声。五音之中，宫为土声，其音最浊，为一越调，配于中央；商为金声，音浊次之，为平调，配于西方；角为木声，半清半浊，为双调，配于东方；徵为火声，微清，为黄钟调，配于南方；羽为水声，其音最清，为盘涉调，配于北方。由此创作了著名的"五会念佛"的方法。虽然宫、商、角、徵、羽五种音调，并非儒家所创，但佛教界对古代乐调吸收、融合的努力，明显提高了经文教义对本土佛教信徒的吸引力。

至于从佛门僧侣日常挂在口头的一些俗语中，也可以看出儒家仪礼对佛教的影响。例如，所谓"三千威仪，八万细行"之说，原先均出自儒家。威仪，这里是指古时典礼中的动作仪文以

---

① 密教的五智，指法界体性智、妙观察智、大圆镜智、平等性智和成所作智；五佛，指毗卢遮那佛、阿閦佛、宝生佛、阿弥陀佛和不空成就佛；五部，指佛部、金刚部、莲花部、宝生部和羯磨部；五色，指白色、赤色、黄色、青色和黑色。后世密教以五音配五智、五佛、五部、五色等，如宫表中央法界体性智，商表西方妙观察智、角表东方大圆镜智、徵表南方平等性智和羽表北方成所作智等。
② 《无量寿经》卷上，载于《大正藏》第十二册，第271页上。

及待人接物的仪节，如《中庸》有"仪礼三百，威仪三千"之说。威仪，也兼指庄严的容止。如《毛传》云："君子，望之俨然可畏，礼容俯仰，各有威仪耳"。细行，指小事，小节。《书》曰："不矜细行，终累大德"。因而我们可以了解到，僧人为何格外强调生活中注意小节的重要性。至于流行于佛教丛林中的"站如松，坐如钟，行如风，卧如弓"之说，疑是"威仪""细行"内涵在行、住（站）、坐、卧等日常行为中的具体体现与发展，除"卧如弓"似直接出于佛陀力行的"吉祥卧"的姿势之外，属于"舶来品"，其余三者虽不必说定源于儒家，但与儒学有关，当无可疑。

再以当今佛教道场中僧侣的早晚功课为例，其中的跪拜之礼，基本是综合了周代以来流行的九种拜礼——稽首礼、顿首礼、空手礼、振礼、吉礼、凶礼、奇礼、褒礼和肃礼的产物①，特别是拜佛——三拜问讯的礼仪。三拜礼，源于稽首、顿首二礼的结合；问讯礼则是空手礼的运用。这是我国僧伽礼仪中沿袭和借鉴古礼又一最为有力的见证。佛教在中国传播与发展的成功，原因固然多而复杂，但礼乐文化在其中所起的重要作用，显然已被历史经验证明是不能低估的。

---

① 九种跪拜礼，出自《周礼·春官·大祝》，参见《黄侃手批白文十三经》，第68页。

三

儒、释、道三教在中国漫长历史上的境遇，一般是此消彼长、互为主宾的，而一同遭受厄运的，唯有一次，即十年"文化大革命"的残酷洗礼。然而，改革开放以来，佛教、道教先后从重创中逐步恢复元气，特别是近年来儒学又被尊为国学，受到多方面的青睐，如今不少大学还开设国学院，努力复兴儒学，它在儒、释、道三教中得到官方的恩惠一如既往，始终在佛、道之上，这既有历史的原因，也有现实的考量。但儒学现有的影响力依然多局限于知识分子的圈子为主，在整个社会中产生强烈的回应，还是近年来的事情。这曾给我们学界带来巨大的困惑与不解，见仁见智，不一而足。其实，这个问题还应该从以下两方面来讨论，才能得出比较可靠的结论：

（1）从儒学复兴的基础来看，历史上儒学差不多受到封建统治者的极度重视，上行下效，其地位与影响自然非佛、道二教或其他思想理论可比。特别是以儒学作为科举取士的学说，等于将它提升到了举世无双的地步，成为历代读书人晋升的"拐杖"。本来，在先秦时儒家除了思想理论之外，还有礼乐制度充当宗教性的功能，因而成为显学。两汉以降，儒学独尊，礼乐却江河日下，导致儒学在佛学、道教的竞争中败下阵来。隋朝之后，科举兴起，经过儒学来选拔人才的制度，弥补了由于礼乐丧失的不足，从而使儒学得以一直延续下来。近代的"废科举，兴学堂"，复经"五四运动"的洗礼，通过学习儒家典籍达到出仕一展平生抱负的途径被完全切断，儒学的生存土壤已不复存在，其衰落的命运自然可想而知。

在现代社会，由于交通及信息技术的发达，城市化潮流之兴起，人们异地择业、定居的情况比比皆是，传统的社会结构受到巨大冲击，儒家以血缘关系为基础的理论学说，只能适用于封建传统的社会秩序。"五四运动"之后，儒学的功能仅仅作为哲学思想之一种，流于知识文化层面，成为学界研究的古董。现在的研究热潮不过是文化人士对旧有传统的回眸与留恋而已，已不可能全面走进现代社会，与普通百姓的生活息息相通。

更有甚者，即便在研究中国文化或哲学思想的学者圈子里，由于受"五四运动"的影响，长期以来对孔子礼乐教化存在曲解，以致今日人们依旧觉得礼教是对个人和个性的束缚与压迫，所以近现代以来的思想启蒙运动，基本以破除礼教为当务之急。其实，孔子所谓"礼"，多半是对上层统治者权利的约束，如上文提到的《论语·八佾》就非常典型，他批判季氏家族和管仲，是因为他们僭越了礼教的规范，拥有了过多的权力和财富。孔子是主张"贫而乐,富而好礼"的①,在贫民与有权而又富有的人之间,受礼之约束对后者更为重要。所谓"君使臣以礼,臣事君以忠"②,便是其处理一国中君臣关系的原则,还有"使民如承大祭"之说③,显然也是约束君主的话,因为祭祀也是"礼"之一种。可见孔子反对"居上不宽,为礼不敬"之人的态度十分明确。

（2）从佛教、道教的历史和当今的表现来看,更容易明了儒学不振的根源所在。如上所述,佛教十分重视礼乐的教化作用,以此来达到诠释其教义的目的。儒家之长处在于持家、做人、效忠、爱国和建功立业,却疏于生活,尤其是精神生活方面,也没有就解决生、老、病、死这样重大的人生问题,提出有价值的见解,而这些又是人一生中无法回避的。佛教之优势恰恰就在这里,中国佛教的高明在于,擅长利用梵呗来医治人们奔波名利场中的身心疲劳,并通过音乐、唱念和特定的仪式来强化教义在人们心目中的记忆功能,使某些仪式进入人们的日常生活,于潜移默化之中产生教化作用,从而如童谣一般,代代相因,不绝如缕。

---

① 《论语·学而》,载于《黄侃手批白文十三经》,上海古籍出版社1983年版,第2页。
② 《论语·八佾》,载于《黄侃手批白文十三经》,上海古籍出版社1983年版,第5页。
③ 《论语·颜渊》,载于《黄侃手批白文十三经》,上海古籍出版社1983年版,第22页。

宋明以降，儒、释、道三教逐渐各安其位，佛教深耕民间，卓有成效，以至于达到"户户观世音，家家阿弥陀"的地步，连不识字的农村老太太居然也能将《心经》倒背如流，且有音乐味道！良有以也。

衡量一种宗教生命力的强弱，除了视其礼乐文化在历史上的重要表现之外，还可以从这种宗教在受到某种打击之后，能否在最短的时间内迅速恢复如初，重新回到社会生活的舞台中来，礼乐文化在其中所起到的重要作用可以作为一种检验的标准。

"改革开放"伊始，佛教在很短的时间内迅速重新崛起，人们率先听到的是从黄墙绿瓦的寺院里传来"叮叮当当"的梵呗之声，而不是那些似懂非懂的深奥教义！不仅如此，梵呗还是出家人必修的第一课，敲打唱念工夫好且嗓子佳的法师最受信徒欢迎，道理即在于此。因为好嗓子借助于清雅哀婉的佛教音乐，更能打动人们的善良之心，从而引起强烈的宗教情感的共鸣，所以能传之久远。

如果按照程颐的理解，"礼"是秩序、"乐"是和谐的话[①]，

---

① 程颐在回答弟子的问题时，说过"推本而言，礼只是一个序，乐只是一个和。"（参见《二程集》，中华书局1981年版，第225页。）这里的"序"，是指秩序；和，指和谐。

那么，乐的作用在于通过音乐对内心的熏染，使人们更为自觉地遵循"礼"之规范，可以说，礼乐就是通过"软硬兼施"的双重手法，促使人们乐于接受教化。这正是佛教得以在社会上畅行无阻的重要原因之一。相对而言，儒家由于缺乏礼乐文化的强有力支持，加上在人们心目中倾向"官方"的强烈印象，未能受到最广大的普通民众的共同青睐，因而尽管一再暖风频吹，却始终没能像佛教那样潜移默化之作用。这不能不使我们格外意识到礼乐在其中所起到的重要作用。

[作者系上海社会科学院哲学所研究员、
中国哲学研究室主任]

音声入道

——《高僧传》唱诵思想研究

刘 翔

摘要： 以音声为主要元素的唱诵，源于原始佛教之传统，发展演化取得不同的形式，终在汉地大放异彩，成为佛教礼乐的先声。《高僧传》记载了大量的唱诵事迹，集中于"诵经""经师""唱导"三篇，表现出一定的特征：地域多为南方；经典以大乘经论为主，《法华经》和《维摩经》尤受推崇；相伴苦行，有较多感应与神通；音声表现出清、亮、雅、巧等特色；传播效应极大，上至贵族，下达平民。唱诵在实现内修与外化两方面宗教功能的同时，表现了佛教与音乐艺术的密切关系，并进一步展现出音声与身心、认知等多维度的哲学意义。

关键词：《高僧传》；唱诵；音声

一、佛教唱诵之历史及主要形式

（一）佛教唱诵之传统

佛教的唱诵源自佛陀时代的讽诵、赞呗、说法等宗教活动。原始佛教时期，佛法口耳相传，没有大部头的佛经，佛陀教授的义理和修行方法，大多以偈颂的方式在弟子当中流传。为了加强记忆，熟悉教法，反复吟诵成为重要的修学方式。佛陀涅槃之后，僧团结集而成经、律，读诵佛经是佛教徒学佛的重要途径，所谓"受持读诵，如说修行"。①

唱诵与佛教的音乐思想密切相关。原始佛教时期，在音乐方面，佛陀不鼓励提倡，并有严格的规定。②但与音乐密切相关

---

① 佛经结集的方式是由一人问，一人诵出佛所说法，得到大家的认可之后，方才确定，诵读起到非常关键的作用。关于佛经结集过程中的"传诵"，详阅印顺法师《有关结集的种种问题》中的论述（参见印顺：《原始佛教圣典之集成》，中华书局2011年版，第11、13、14页）。

② 这一点表现在戒律上，如《五分律》卷二十六："佛言：比丘不应自歌舞供养塔，听使人为之。"（参见《大正藏》第22册，第173页）《四分律》卷二十五："若比丘过差歌咏声说法，便自生贪著，爱乐音声，是谓第一过失；复次，若比丘过差歌咏声说法，其有（转下页）

修行方式却存在，如"伎乐供养""歌咏法言"等。① 部派佛教时代，对于佛陀的遗体、遗物、遗迹建塔供养礼拜，"伎乐供养"和"歌咏法言"等行为也逐渐兴盛，但对出家二众还是有所限制。到了大乘佛教时期，随着佛教音乐思想的加强，讽诵、呗赞等修行方法和宗教活动，自然得到提倡。至于僧团从非乐逐步转向重乐，昭慧法师认为可以归纳为五个原因：情智调节的自然倾向、仪式化的必然倾向、俗化于民间宗教的结果、内修与外宏的实际需要、教内音乐家们的艺术造诣带来的影响。②

（接上页）闻者生贪著，爱乐其声，是谓比丘第二过失；复次，若比丘过差歌咏声说法，其有闻者，令其习学，是谓比丘第三过失；复次，比丘过差歌咏声说法，诸长者闻，皆共讥嫌言，我等所习歌咏声，比丘亦如是说法，夕便生慢心，不恭敬，是谓比丘第四过失；复次，若比丘过差歌咏声说法，若在寂静之处思维，缘忆音声，以乱禅定，是谓比丘第五过失。"（参见《大正藏》第22册，第817页）《根本说一切有部苾刍尼毘奈耶》卷二十："若复苾刍尼唱歌者，波逸底迦。尼谓吐罗难陀等，唱歌者，谓唱歌词音韵。""若复苾刍尼作乐者，波逸底迦。尼谓吐罗难陀等，作乐者，谓音声管弦。"（参见《大正藏》第23册，第1015页）

① 有学者用三分法来看待原始佛教的音乐："从表演者角度看，它是乐伎供养音乐、佛陀说法音乐、僧侣音乐的三分；从音乐体裁角度看，它是歌舞音乐（用于礼赞佛陀）、呗赞音乐（用于歌咏经偈）、吟诵音乐（用于唱诵经文）的三分。"（参见王昆吾：《原始佛教音乐及其在中国的影响》，载于《从敦煌学到域外汉文学》，中华书局2003年版，第177页）

② 释昭慧：《从非乐思想到音声佛事》，载于《佛教艺术——音乐、戏剧、美术》，台北：华宇出版社1988年版，第75—77页。

实际上，音声入道或者音声弘法，在大小乘的经论里都是有其根据和传统的。《杂阿含经》："当所说法时，咽喉出美声。悦乐爱念声，调和渐进声。闻声皆欣乐，专念不移转。"①《中阿含经》："沙门瞿昙口出八种音声：一曰甚深，二曰毗摩楼簸，三曰入心，四曰可爱，五曰极满，六曰活瞿，七曰了分，八曰智也。多人所爱，多人所乐，多人所念，令得心定。"可见音声在弘法和修行过程中有着不可忽视的作用。大乘佛教的思想中对音声更是极其重视。《法华经》："若使人作乐，击鼓吹角贝，箫笛琴箜篌，琵琶铙铜钹，如是众妙音，尽持以供养；或以欢喜心，歌叹颂佛德，乃至一小音，皆已成佛道。"②《大智度论》："是菩萨欲净佛土故，求好音声，欲使国土中众生闻好音声，其心柔软。心柔软故，易可受化。是故以音声因缘，而供养佛。"③表现了对音乐供养和音声歌赞的支持。《佛说阿弥陀经》中所描述的极乐世界，"常作天乐"，众鸟"昼夜六时，出和雅音"，"微风吹动，诸宝行树，及宝罗网，出微妙音，譬如百千种乐，同时俱作"，④渲染了音乐对净土世界的点缀作用。

佛教传入以前，中国古代社会就存在歌、咏、诵等形式的

---

① 《大正藏》第 2 册，第 329 页。
② 《大正藏》第 9 册，第 7 页。
③ 《大正藏》第 25 册，第 710 页。
④ 《大正藏》第 12 册，第 347 页。

艺术传统,既有庙堂之雅致,也流变于乡里世俗。《说文解字》:"唱,导也。从口昌声。导,引也。从寸道声。"唱最关键的是音声,并利用其引导的功能。"诵"最早见于《诗经》。《说文解字》:"诵,讽也。"① "考故书凡称诵者,以有节之声调,歌配乐之诗章,盖异于声比琴瑟之歌也。所歌之诗章,即名曰诵,亦犹吟咏歌谣,同为诗体之别称也。"② 所谓唱诵,简要地说,即是以有节律的声调吟诵诗文,起到引导的作用。

源自"歌咏法言"的唱诵,在汉地被认为是佛教音乐的一种:"所谓歌咏诵法言,以此为音乐者也。"③ 但是,汉地的歌乐与印度佛教在形式上有着一定的区别:"东国之歌也,则结咏以成咏。西方之赞也,则作偈以和声。虽复歌赞为殊,而并以协谐钟律符靡宫商,方乃奥妙。故奏歌于金石,则谓之以为乐。设赞于管弦,则称之以为呗。"④ 相同的是,"乐"和"呗"都需"协谐钟律,符靡宫商",即符合一定的韵律和音乐的规范。总的来

---

① 《诗经·小雅·节南山》:"家父作诵,以究王讻。"《诗经·大雅·烝民》:"吉甫作诵,穆如清风"。(参见程俊英:《诗经译注》,上海古籍出版社2012年版,202页、309页)《周礼·大司乐》:"以乐语教国子,兴、道、讽、诵、言、语。"郑玄曰:"倍文曰讽,以声节之曰诵。"(参见杨天宇:《周礼译注》,上海古籍出版社2004年版,第326页)
② 刘永济:《屈赋通笺》,中华书局2010年版,第4页。
③ 《大正藏》第50册,第409页。
④ 《大正藏》第50册,第414页。

说，无论是原始佛教时期，还是汉化佛教，唱诵最主要的特点是与音声相关，声音的节奏和旋律都是极其重要的。

《高僧传》中的十个篇章都涉及唱诵，突出表现在诵经、经师和唱导三篇当中，广义上包含了诵经、转读、唱导、呗赞、持咒等众多形式。①《高僧传》中所记载的人物自汉代至梁，基本上汇集了佛教初传时期的历史情况，佛教的唱诵伴随着佛教的传入而逐步兴盛起来，体现了佛教音乐汉化的过程，也是佛教礼乐进程的初始阶段。②

（二）僧传唱诵之主要形式

印度和西域的高僧入华翻译和弘法的过程中，诵经成为寺院和僧俗所奉行的日常行事。汉地历史最早记载的诵经事迹是《三国志·吴书·刘繇传》中的"笮融侍佛"，笮融"初聚众数百人"，后"大起浮图祠""悉课读佛经"，诵经的行为早已在两汉之际民间流行。③早期入华的梵僧，大多有讽诵佛经的修行经

---

① （梁）慧皎：《高僧传》共分十篇章：译经、义解、神异、习禅、明律、亡身、诵经、兴福、经师、唱导。
② "佛教音乐传入中国的过程，表现为以呗赞、转读、唱导、佛曲等艺术题材为阶段标志，逐步重建功能系统的过程。"（王昆吾：《原始佛教音乐及其在中国的影响》，载《从敦煌学到域外汉文学》，中华书局2003年版，第190页。）
③ 汉代佛教之流布，可参见汤用彤：《汉魏两晋南北朝佛教史》，北京大学出版社2011年版，第42—49页。

验。如竺法兰,中天竺人,自言诵经论数万章;支娄迦谶,本月支人,讽诵群经,志存宣法;昙柯迦罗,中天竺人,诵大小乘经及诸部毗尼;竺昙摩罗刹,其先月支人,世居敦煌郡,诵经日万言;帛远字法祖,河内人,诵经日八九千言;等等。不一而足。

除此之外,梵呗也是十分重要的唱诵形式,梵僧入华翻译的过程中,传入了印度的梵呗,汉地的高僧和学者也开始创造梵呗。虽"自大教东流,乃译文者众,而传声盖寡"[①],但这不一定是全部的史实。西域的高僧在翻译佛经、将梵语转译成汉语的时候,不乏将梵呗传到汉地的可能性,且口诵本身就可能延伸出一种唱诵佛经的方式。同时,西域的梵僧在传授佛法时,对咒语的使用而产生一种不同于一般读诵的讽诵方式,也可能衍生出唱诵的新形式。虽然受到语言的限制,印度传统的梵呗不一定全部都传到汉地,但随着来华梵僧和汉地僧人的努力,佛教的唱诵还是走出了自身独特的道路。无论是早期康僧会的"泥洹梵呗",帛尸梨密多罗"胡呗三契",还是支谦的"连句梵呗",或是被誉为汉曲制作梵呗之祖的曹植所创的"鱼山梵呗",都体现了佛教梵呗汉化的过程。汉化的唱诵形式也逐步脱颖而出。

转读即是一种汉化形式的唱诵,是以抑扬顿挫声调咏诵佛

---

① 《大正藏》第50册,第415页。

经。"天竺方俗,凡是歌咏法言皆称为呗,至于此土咏经,则称为转读,歌赞则号为梵呗。"①转读有别于诵经,其特点是"声文两得":"但转读之为懿,贵在声文两得。若唯声而不文,则道心无以得生。若唯文而不声,则俗情无以得入。"②以文词启发道心,以音声化导俗情。由于梵文一字多音,经文从梵语转为汉语的过程中,原先具有的韵律因之大打折扣:"若用梵音以咏汉语,则声繁而偈迫。若用汉曲以咏梵文,则韵短而辞长。"③所以,学者在经文的义理和诵读的声律上都要有所精通,实现"声文两得"不是一件容易的事情,弄不好就造成"岂唯声之不足,亦乃文不成诠"的局面。高超的转读需要讽诵之人声调形式丰富多彩,文辞准确表达,所谓"炳发八音光扬七善""令人乐闻"。④从音声的形式来看,"起掷、荡举、平折、放杀,游飞却转,反迭娇弄",可谓变态无尽,技艺超群;就音声要求而言:"壮而不猛,凝而不滞,弱而不野,刚而不锐,清而不扰,浊而不蔽",

---

① 《大正藏》第 50 册,第 414 页。
②③ 《大正藏》第 50 册,第 415 页。
④ "若能精达经旨,洞晓音律,三位七声,次而无乱,五言四句,契而莫爽。其间起掷荡举,平折放杀,游飞却转,反迭娇弄。动韵则流靡弗穷,张喉则变态无尽,故能炳发八音,光扬七善。壮而不猛,凝而不滞,弱而不野,刚而不锐,清而不扰,浊而不蔽。谅足以起畅微言,怡养神性,故听声可以娱耳,聆语可以开襟,若然可谓梵音深妙,令人乐闻者也!(参见《大正藏》第 50 册,第 415 页)

达到这样高妙的境界和极致的效果，不是一般人一点皮毛的功夫能够胜任的。从这一点上讲，将转读的高僧单独列出"经师"篇确实是有一定道理。

唱诵的另外一种重要形式是唱导："唱导者，盖以宣唱法理开导众心也。昔佛法初传，于时齐集止，宣唱佛名，依文致礼，至中宵疲极，事资启悟，乃别请宿德，升座说法，或杂序因缘，或傍引譬喻。其后庐山释慧远，道业贞华，风才秀发，每至斋集，辄自升高座，躬为导首，先明三世因果，却辩一斋大意，后代传受遂成永则。"① 唱导源自讲经说法，讲经之时，宾主之间，有问有答，自然是为了辨明佛理，启悟道俗。首先"宣唱佛名，依文致礼"，然后，请高僧说法开示，"或杂序因缘，或傍引譬喻"，早期的唱导形式和内容都比较简单。中国佛教的唱导制度，自道安法师制定的三例僧尼规范始，其僧尼轨范有三例：一是行香定座上经上讲之法，二是常日六时行道饮食唱时法，三是布萨差使悔过等法。或升座讲经说法，或行道布萨，需要吟唱梵呗，且都与唱导相关。慧远乃道安高足，承师之志南下弘法，不仅继承道安所创制的唱导之法，还在庐山设坛，亲自登台，或邀请高僧讲授大乘经论，开创南方讲经之始。慧远的讲经明确了"明三

---

① 《大正藏》第50册，第417页。

世因果、辩一斋大意"的具体内容,后世以此为讲经的轨则,传承至今。

要做到"宣唱法理,开导众心",其基本的条件是具备"声、辩、才、博",还要注意对象和时机:"知时知众"。声是指音声,辩是论说讲解,才是唱导者具备的才华素养,博是唱导者具备的知识储备,这是唱导最紧要的四事:"非声则无以警众,非辩则无以适时,非才则言无可采,非博则语无依据。至若响韵钟鼓,则四众惊心,声之为用也。辞吐后发,适会无差,辩之为用也。绮制雕华,文藻横逸,才之为用也。商榷经论,采撮书史,博之为用也。"① 声以警众,辩以适时,才以采言,博以依据,均为四事之用。具备了这些基本条件,唱导者审时度势,契机契人,才能如鱼得水。② 结果,或是听闻

---

① 《大正藏》第50册,第417页。
② "若能善兹四事,而适以人时:如为出家五众,则须切语无常,苦陈忏悔;若为君王长者,则须兼引俗典,绮综成辞;若为悠悠凡庶,则须指事造形,直谈闻见;若为山民野处,则须近局言辞,陈斥罪目,凡此变态与事而兴。可谓知时知众。又能善说,虽然故以恳切感人,倾诚动物,此其上也。……尔时,导师则擎炉慷慨,含吐抑扬,辩出不穷,言应无尽;谈无常,则令心形战栗;语地狱,则使怖泪交零,征昔,因则如见往业,核当果则已示来报,谈怡乐则情抱畅悦,叙哀戚则洒泪含酸。于是阖众倾心举堂恻怆,五体输席碎首陈哀,各各弹指人人唱佛。爰及中宵后夜钟漏将罢,则言星河易转,胜集难留,又使人追怀抱,载盈恋慕,当尔之时,导师之为用也。"(参见《大正藏》第50册,第417—418页)

者"心形战栗""怖泪交零""情抱畅悦""洒泪含酸",或是"阖众倾心、举堂恻怆""五体输席、碎首陈哀""各各弹指、人人唱佛""人迫怀抱、载盈恋慕",这种唱导所带来的生动效果十分明显。

需要注意的是,不凡的转读和唱导固然有很好的弘法效果,但现实中也存在着不足的地方,从而带来负面影响。如汉地的梵呗和转读,经过几代传承,逐渐失去原先的味道,偏离了音声的宗旨:"自兹阙后,声多散落,人人致意,补缀不同,所以师师异法,家家各制,皆由昧乎声旨,莫以裁正。"[1] 由于在流传的过程中,曾经的声曲之法遗漏,加之传承的过程中擅自删改,而产生"师师异法,家家各制"的混乱情形,缺乏共同的认识和一致的标准。而从事唱导的法师,如果对经文的研究时间不长,不能做到熟稔于心,临时遇到紧急的场面也无法应对,手忙脚乱,不仅破坏了整个讲经法会过程中的秩序,更难以教化信众、引发他智,导致"列席寒心,观途启齿,施主失应时之福,众僧乖古佛之教,既绝生善之萌,只增戏论之惑,始获滥吹之讥,终致代匠之咎",[2] 得不偿失,十分遗憾!

---

[1] 《大正藏》第 50 册,第 415 页。
[2] 《大正藏》第 50 册,第 418 页。

二、僧传唱诵之人事与特征

僧传基本囊括了从汉至梁代重要的僧人和事件,虽然十科的分法有商榷之处,但总体上说,"诵经""经师""唱导"与唱诵相关,有着典型的意义。① 从宗教功能上看,对唱诵的主体——僧人而言,其目的无非内修与外弘两个方面,即作为修行方式的唱诵和作为弘法手段的唱诵。具体来说,僧传中的唱诵思想表现在以下几个方面:

第一,在地域上,典型人物以南朝居多,北方的高僧修习诵经多分科在其他篇章。僧传中记载的诵经和唱导的僧人,大多出自南朝,以南朝法师居多。这与当时的社会环境相关,也与僧传作者本人的视域相关联。这一点,汤用彤先生在其著作中多次指出慧皎《高僧传》的缺陷。② "诵经""经师""唱导"三篇所记录正卷四十二位僧人的时代和地域,以晋、宋、齐为主,梁代有

---

① 释道昱在《经导对中国佛教礼忏的影响——以梁〈高僧传〉为中心的探讨》(《圆光佛学学报》第三期,1999年2月,第74页)一文中,就指出:在该传中的"诵经""经师""唱导"三科有交集之处,事实上也很难明确地划分界限;详读"诵经"与"经师"之后,笔者发现这两篇有多处雷同之处。
② 如汤先生说:"按《高僧传》所据史料,多为南方著述,故仅于南渡后特详细。"(参见汤用彤:《汉魏两晋南北朝佛教史》,北京大学出版社2011年版,第98页)

录,主要集中在南方,多为京师建业的寺院,说明南方唱诵之风气之盛行。此外也提到蜀、赣、荆、陕、浙左等地,可见唱诵之事遍及南北,只不过僧传中选取材料有限。

第二,唱诵的经典以大乘经论为主,尤其以《法华经》和《维摩经》最受推崇,大乘般若经典也受到重视。在修持方式上,以唱诵为日课,奉守戒律,多有苦行的修习经验,持之以恒,历有年所。在明确提到的经典中,唱诵主要涉及以下经典:《正法华经》《古维摩经》《法华经》《般舟三昧经》《十地经》《思益经》《维摩经》《大涅槃》《净名经》《十地大品》《金光明》《金刚般若》《大品》《首楞严》《三本起经》。① 这主要和早期翻译与流行的经典相关,有其时代性的局限。修行方式上,有的僧人遵循一定的方法。如"昙邃一日一遍";"超辩日诵一遍";"僧候二日一遍,六十余年不变"。有的诵读的经文数量极大,法相、法明、法定、僧志、昙颖、帛法桥诵经十万余言;法恭诵经三十余万言;道嵩诵经三十万言。有的僧人修习苦行,严持戒律,如竺昙盖、竺僧法、竺法纯、法庄,均苦行持戒;普明、慧果、法慧、支昙籥蔬食清苦。有的僧人多习禅定、礼忏,如僧生、慧豫持戒习禅;道迥、弘明、慧弥修禅业、礼忏。

---

① 《正法华》由西晋竺法护译,是《法华经》初出的译本。《净名经》是《维摩诘经》的异名,《古维摩经》是《维摩经》的初本。

第三，在唱诵的过程中，有大量的感应和神通的事迹发生。这些事迹大致分为几类：一是感应天神、鬼怪，二是驯服鸟兽，三则受护佑脱险免难，四是治病救人，且有的僧人多种神通感应兼而有之。如法庄诵经，天神来听，慧果诵经，助鬼改生，帛法桥忏悔、礼拜观音而感应开喉，支昙籥梦天神授其声法；弘明诵经，虎伏窗前，昙凭梵音一吐，鸟马悲鸣；竺法纯念观音，感应大船遇险免难，慧庆诵经度难；竺昙盖神咒祈雨，普明神咒救人。还有一些僧人能够预知死期，临终有所感应，如"僧生预知死期，法愿入定三日不食，忽语弟子云：'失饭箩矣'，俄而寝疾"。也有一些更奇怪的感应事迹，如"慧豫因诵经，得以延寿一年，法恭讽咏生香"。

第四，唱诵的音声具有清、亮、雅、妙等特点，具有鲜明的个性特征，虽然具备音乐方面的声调韵律，但与世俗音乐有着明显不同。在继承学习前辈的同时，僧人们也创造出新的有特色的音声。亮，即响亮；清，即清澈；雅，即雅致；妙，即奇妙。这四点是唱诵有所成就的僧人的突出特点。如"帛法桥声彻里许，哀婉通神，年九十，声犹不变"；"支昙籥梵响清靡，四飞却转，反折还喉叠弄；法平、法等响韵清雅，运转无方"；"僧饶响调优游，和雅哀亮"；"慧忍哀婉细妙"；"僧意善唱说，制《睒经》新声，哀亮有序。"

僧人之间也切磋音声之法。永明七年，文宣王梦佛前诵经，集聚京师善声沙门研讨声法。当时，僧辩传《古维摩》一契，《瑞应》七言偈一契，得到大家公认，慧忍所作《瑞应》四十二契也颇受赞赏。需要注意的是，有些唱诵的僧人音声存在着明显不足，有的过度发挥或者自身偏好，有的受到地域的影响。如"释昙凭……少游京师学转读，止白马寺，音调甚工，过旦自任，时人未推，专精规矩，更加研习，晚遂出群，翕然改观"；"道朗捉调小缓，法忍好存声切，智欣善能侧调，慧光喜飞声"；"法邻平调牒句，殊有宫商"；"慧念少气调，殊有细美"。在转读的过程中有着明显地域化、风俗化的倾向，浙左、江西、荆、陕、庸蜀等地有善于转读的僧人，都是享誉当地，没有更广泛的流传和效应。

第五，唱导为业的僧人，多才华出众，博览内外经典，唱导过程中表现出灵活的方法。僧人多通经史，内外兼学。如道照少善尺牍，兼博经史，披览群典，宣唱为业；慧璩读览经论，涉猎书史，众技多闲，尤善唱导；昙光性意嗜五经、诗赋，算数、卜筮无不贯解，三十出家，听诸经论，一闻便达，制造忏文，执炉处众，道俗倾仰；法愿世间杂技皆备尽其妙，僧人的唱导技巧炉火纯青，达到一定的境界。如"昙宗唱说之功独步当世，辩口适时应变无尽"；"法镜研习唱导，有迈终古，造次嘲难，必有酬酢"。

第六，在传播佛法的过程，唱诵可谓功不可没，成为最重要的弘法手段。唱导不仅能够通过讽诵经文，引导风俗，教化道俗，还能通过唱导、宣讲，感化帝王信奉佛法，支持佛教。如"法宗声闻四达，归戒三千余人"；"僧饶每清梵一举，辄道俗倾心，行路闻者莫不息驾，踟蹰弹指称佛"；"昙凭巴汉怀音者皆崇其范"；"慧芬斋会为大众说法，梁楚之间悉奉其化"；"道慧转读之名，大盛京邑"；"法镜为性敦美，道俗交知，莫不爱悦"。唱诵对于佛教取得王公贵族的支持贡献巨大。如"宋大将军闻法平、法等披卷三契，扼腕神服"；"道照为武帝内殿斋唱导，斋竟帝言善久别亲三万，临川王从受五戒奉为门师，独步宋代之初"；"文皇帝时期，慧璩主持梁山斋会，到了孝武帝时期设斋唱导，武帝悦之别亲三万，敕为京邑维那"；"宋明帝设会，闻昙光唱导称善，赐三衣瓶钵"；"竟陵文宣王厚相礼待法镜，立齐隆寺以居之"。

三、音声入道——唱诵之宗教与哲学意义

由印度佛教而发展延伸开来的唱诵思想，在中国佛教的初期就表现出极其丰富的历史和内涵，对以后的佛教中国化有着深远的影响。从纯粹宗教意义上讲，佛教的唱诵表现作为修行佛法的重要手段和传播佛教的重要方式，都有着不可忽视的功能：作为

自我修行的手段，在唱诵中体悟佛法的道理，悟入佛法的智慧，最终得到解脱，愚智平等，道俗皆成；作为弘扬佛法的方式，真俗交融，教学相长。作为弘法的形式，其社会影响效果极佳，有利于度化众生，宣传佛理，因此到了隋唐佛教繁荣的时期，唱诵更是大行其道。

除了纯粹宗教上的意义之外，从更宽泛的意义上讲，唱诵过程中所展现出的音乐特征，对于人的心灵所起到的震动和启迪是极其明显的，这在人类其他文明的发展中也有所展示。"……据说当宗教改革时代，全体人民都唱得煽起对于新信仰的热忱来，许多敌视路德之名的人都被那简单而动人的新教的赞美诗所感动而皈依了他的教义。又如有些斯拉夫民族的最初的改变宗教，是受俾臧兴教会圣曲的影响。凡此种种，都是说明音乐有鼓舞勇武精神的力量。路德的有力的战歌——其旋律大踏步向前进，正如军士衔枚赴敌——曾经屡次引导德国军队攻击而战胜；马赛曲雄壮的声音曾经唤起青年法兰西共和国的市民武装起来跟欧洲的半壁争雄。"① 魏晋时期儒家礼乐式微，与当时战乱的时代不无关系，但是中国社会重视礼乐的传统成为暗流浸润民间社会，一旦治平，礼乐还是成为王道教化和涵养精神的重要手段。

---

① ［德］格罗塞，蔡慕晖译：《艺术的起源》，商务印书馆1984年版，228—229页。

从唱诵所体现的音声特点来看，其具备节奏和韵律等音乐的特征，正符合唱诵主体或者听闻主体的心理节奏，以此满足情感的需要，乃至于理性审美的需求。唱诵具备了音乐的材料和形式："我们对于音乐也和其他一切艺术一样，可以分成材料和形式。音乐的材料就是声音（tone）。这些声音所附丽的形式都为两种不同的原则所规定——就是节奏和调和（rhythm and harmony）的原则。……因节奏的原则，声音受量的调整，同时因调和的原则，声音受质的调整。节奏和调和合起来就成了旋律（melody）；换句话说，旋律的形式是在有节奏地调整了声音的继续上存在。"① 一方面，讽诵是有节奏和韵调的朗读经文，或是歌咏佛经中的偈颂，自然包含有丰富的情感，由音乐而产生的感动心理的力量，能使唱诵者和听闻者，在情感上使信仰更加深化，"情动于中而形于言，言之不足故咏之歌之也。"所以说："夫篇章之作，盖欲申畅怀抱，褒述情志，咏歌之作，欲使言味流靡，辞韵相属。"② 另一方面，唱导的过程中，讲唱结合，有说有唱，夹韵夹散，将佛菩萨的神通事迹或者佛经中的义理转化为通俗易懂的语言，这个过程本身就充满趣味性，既锻炼了僧人的

---

① ［德］格罗塞，蔡慕晖译：《艺术的起源》，商务印书馆1984年版，216—217页。
② 《大正藏》第50册，第414页。

演讲能力，也增加了僧俗的闻法兴趣。

唱诵的修习过程中，是有差别的个性与有同感的共性的结合。从佛教音声的历史来看，早期的声呗乃"言说之辞"，近似于诗文的朗诵，只是加以抑扬顿挫的适当节奏，避免平读的单调乏味。而唱诵的实际传播的过程当中，由于音乐性的加强，乐器的使用，音调因地域不同而有所差别。到了唐代，道宣法师就指出佛教音声演变的南北之异："地分郑卫，声亦参差。然其大途，不爽常习。江表关中，巨细天隔，岂非吴越志扬、俗好浮绮，致使音颂所尚，唯以纤婉为工？秦壤雍冀，音词雄远，至于咏歌所被，皆用深高为胜。"[①] 地域和风俗的不同，南方纤婉，北方深高，明显差异。同时，音声在传播的过程中，僧人对以往的唱诵的法则继承发扬的同时，也存在着结合时地的发挥，甚至变异曲解。从事唱诵的法师，音律水平参差不齐，对经义的理解也有高低之别，难免有一己之见的介入，产生种种的不同。

唱诵还反映出人对于天、神、鬼、兽等世界的感通和交融，扩大了人感官所能认识和感知的世界。僧人唱诵的过程当中，由于虔诚和精进，多有感应天神、鬼怪，驯服鸟兽等事迹发生，乃至诵经、持咒、祈雨等行为，都与古代中国"天人合一"的思想

---

① 《大正藏》第50册，第705页。

相呼应，既成为天人相感、相通的佐证，也为人们认知和感受不同世界提供了参照。这些看法与佛教的宇宙观有着密切的关系。从某种意义上讲，也扩大和丰富了古代中国的宇宙观和世界观。以音声为媒介，人与人的身心在音声中相互交流，人与世界在音声中实现交融，体现出一种天人交互的通达的方式，为理解真实的自我和世界开辟新的视域。

[作者系上海工程技术大学社科学部讲师]

华土佛教文献中的世俗内容与儒道思想

严耀中

摘要：佛教文献中的世俗内容实质上反映了世俗社会在佛教中的存在模式，也反映了佛教在世俗社会中存在的模式。中国佛教文献中所吸收的世俗成分包括形式和内容两大部分。所谓形式主要指的是文体和词语；在内容方面，则是对儒、道两家为代表的中国传统思想观念的直接叙述。佛教文献之所以能够具有如此众多的世俗内容，是因为它的意识形态里有着真谛——俗谛的双重结构，使之可以接受与融合不同的文化，在华土奉行三教合一。这是佛教能够在华土站稳脚跟的一个非常重要的原因。

关键词：华土；佛教文献；世俗内容；儒道思想

本文所说的"华土佛教文献",简单地说,指的是收在佛藏以内,或者是虽未被佛藏所收,却是在华土所撰写的以有关佛教内容为主的文献。如此文献"自道宣开始,把中土的撰述,归作一类,也可称为《杂藏》"[1]。这些文献不包括翻译过来的佛教经典[2],所以更富有中国本土的文化内涵,对佛教的中国化和世俗化之影响也就更大。又鉴于这些在华土形成的文献都出自中国古代,所以文中云云也局限于这个时间范围之内。佛教文献的世俗化成分多少其实就是佛教世俗化程度的一个标尺,因此这种类型的佛教文献就很值得探讨一番。

(一)

研究佛教中的世俗内容,是因为世俗对于佛教的重要性就像佛教在世俗社会中的重要性一样,是佛教和中国社会结合的重

---

[1] 王邦维:《"杂藏"考》,载于《华梵问学集——佛教与中印关系研究》,兰州大学出版社2014年版,第165页。
[2] 其实佛经在翻译时已经被掺入很多中国传统文化的元素。如周一良先生指出,把"牟尼两字之意译成'仁'实在是一种'格义',是用佛家道理来比附儒家学说的结果",参见氏撰《能仁与仁祠》,原载《燕京学报》第三十二期。但如此格义所产生的副作用则是佛教教义的儒化。不过这些在本文的讨论范围之外。

要纽带。而这双重关系同样表现在文献里，包括世俗文献和佛教文献。不过世俗文献主要是反映佛教对社会的影响，反过来佛教文献则能反映其受世俗社会之影响。因此通过文献去认识世俗中的佛教和佛教中的世俗，也是一条从现象到本质，通过有形的东西去理解无形东西的途径。而取得这种认识的一个方面就是如何通过文字表达来观察佛教与世俗的双向关系。由于中国社会的主导意识是儒家，儒家思想被反映到社会文化的各个方面，因此佛教文献里的世俗内容，实质上也是反映着儒家的思想文化对佛教渗透的方方面面，于是它也就成了衡量中国佛教儒家化的一个尺度。同时因为道教在民间崇拜里影响很大，所以在与之接触最多的民间佛教的文献里，道教的内容也占着不容忽视的分量。

宗教是社会中的宗教，因而也是置身于世俗中的宗教。从文献的角度看"宗教与世俗"，就是教界里人物所写的世俗作品和俗界里人物所写的佛教作品，两者交叉构成了一幅佛教如何在世俗社会里呈现之写照。佛教渗透在社会生活的各个领域，所以在中土形成的很多佛教文献里就都有可能带上世俗的色彩，从而成为解读和研究佛教与世俗关系的有用材料。

佛教文献中的世俗内容实质上反映了世俗社会在佛教中的存在模式，进一步说，也反映了佛教在世俗社会中存在的模式，这就像在因陀罗网里珠光中互为映像的道理一样。讨论佛教文献中的世俗可以达到几个目的：首先是能证明佛教的世俗性；其次能显示佛教世俗性的表现形式和这些世俗特点是如何形成的；再次是佛教的这些世俗化表现会给世俗社会带来些什么，反过来又给佛教带来了什么，在中国当然还牵涉"三教合一"的问题；最后，佛教里的世俗就是佛教中的非宗教成分，那么将这些成分归纳出来，可以看看它们有多少东西留存到了今天，以及它们与目前的中国佛教及其对社会之影响有什么关联。当然这里仅指那些保存在佛教文献中的，不包括造型艺术之类。

佛教是中国古代皈依信徒最多，从而也是最重要的宗教，且也是保留下来的宗教文献最多的中国宗教。佛教文献不仅数量多，而且涉及面广，不仅有非常深奥的理论著作，也有非常通俗易懂的讲经文本，大体上是从真谛和俗谛两个层面来阐发它的教理。从接受中国社会里的世俗内容的角度讲，那些较多涉及俗谛方面的佛教文献吸收世俗的东西也就会更多些。

（二）

中国佛教文献中所吸收的世俗成分包括形式和内容两大部分，两者往往是不可分离的。这里所谓形式主要指的是文体和词语，即指那些来自世俗文化的且与佛教主题关系不大的体裁词句，因为文献是由人手写成的，因此文献的体裁风格和内容与执笔者有很大关系。寺庙里的很多碑刻都出自儒家士大夫之手，其语词和格调难以与世俗文风割裂，所以这些东西同样也是世俗的思想意识进入佛教的载体。在内容方面，在佛教文献里更不乏对儒家为代表的中国传统思想观念的直接叙述，如有学者认为在智𫖮的《摩诃止观》里"从'体用'的关系上，从体现'用'的角度，肯定儒家学说和仁义礼制的价值"[①]。无论是形式还是内容，佛教文献中的世俗成分总是与其所存在的世俗世界所对应。那么毫无疑问，存在于中国佛教文献里的世俗必定是受中国儒、道等传统文化影响的结果。

另一方面，中国的佛教界人士受世俗的文化熏陶甚深，不要说是汉人出家的僧人，就是从印度和中亚来华的佛教僧人也是如此，只要他们在中国有了一段时间的经历之后，尤其是那些终老于华土的梵僧，都容易受到环境的感染。他们吟诗作文，操琴挥毫，与士子官员书信往来，混同于一般士大夫。这些情况在僧传和他们自作的诗文里，都有充分的记载和反映。因此历代的文僧、诗僧、画僧着实不少，甚至还有"琴僧""学问僧""金石僧"等名称。据《隋书·经籍志》，魏晋南北朝时期沙门支通、支昙

---

① 王仲尧:《易学与佛教》，中国书店2001年版，第174页。

谛、惠远、僧肇、惠琳、释标、洪偃、释瑗、灵裕、策上人、释嵩等都有文集传世。"释子工为诗尚矣"①，这是唐代的风气，与当时的文化热点完全一致。仅对《全唐诗》进行统计，就有115位僧侣作者，不过除知名者外，因"士大夫莫为汲引，多汩没不显"②。而"宋时诗僧最多，如秘演、惟俨、参寥、善权辈，皆与欧、苏、秦、黄、石曼卿友善，故名重一时。又有九僧者，同出一时，欧阳公尝慕之"③。《全宋诗》中诗僧更多，有818位，将近全部诗人的十分之一。其中"江东释子多能诗，窗前树下如蝉嘶"④。据《宋史·艺文志》所载，僧人诗文别集就有53种之多，还不包括收集在总集类的《四僧诗》、慧明大师《灵应天竺集》、及僧仁赞《唐宋类诗》等。到了明清，"金陵吴越间，衲子多称诗者，今遂以为风"⑤。仅钱谦益《列朝诗集小传》"闰集"所列明代的诗僧就有112位之多。这些僧侣如此做诗文，恐怕是印度佛教中所未曾有过的，不过这些僧人诗从韵律格式到思想内

---

① 《澈上人文集记》，载于《刘禹锡集》卷十九，第174页。
② 欧阳修：《归田录》卷一，载于《全宋笔记》第一编第五册，大象出版社2003年版。
③ 参见郎瑛：《七修类稿》卷三十一"九僧诗"条，文化艺术出版社1998年版，第390条。
④ 参见《梅尧臣集》卷十三《答新长老诗编》。
⑤ 《隐秀轩集》卷十七《善权和尚诗序》，上海古籍出版社1992年版，第251页。

容无不具有中国社会文化之特征。由于大、小乘诸戒律都有远离娱乐之规定，如《梵网经菩萨戒本》卷下云："不得听吹贝、鼓角、琴瑟、筝笛、箜篌、歌叫、妓乐之声；不得樗蒲、围棋、波罗塞戏、弹棋、六博、拍毬、掷石、投壶"等。按其精神，咏诗作画也当在禁止之列。其中"围棋"之类非印度所有，说明是华土的僧侣对这些娱乐有爱好，才有那些针对性很强的戒规制订，也说明这些僧侣文章诗艺所代表的只能是反映中国文化艺术中的世俗，儒家士大夫们在其中表现出什么，僧侣们也不会有任何二致。

不仅是成集的诗文，中国文化的其他各个领域，僧人们也会投入进去。如《隋书·经籍志》"史部"里就列入释昙瑗《僧家书仪》五卷，释道安撰的《四海百川水源记》，释昙宗的《京师寺塔记》二卷，释昙京《外国传》五卷，释法盛《历国传》二卷等，仅在东晋时诸如此类的僧人所撰的史学著作就数以百计[①]。这些佛教史学著作"通过所载高僧事迹、护法故事等表露出来的价值取向协调着佛教和儒家之间（当然也包括道教）的道德伦理观念，使彼此间的社会价值取向尽量一致起来"[②]。在《隋

---

① 参见陈士强：《佛典精解》"教史部总叙"，上海古籍出版社1992年版，第182页。
② 严耀中：《试论佛教史学》，载于《史学理论研究》2002年第三期。

书·经籍志》的"子部"里则有《释僧匡鍼灸经》一卷、《释道洪方》一卷、释莫满著《单复要验方》二卷、沙门行矩撰《诸药异名》八卷、于法开著《议论备豫方》一卷、释昙鸾撰《疗百病杂丸方》三卷和《论气治疗方》一卷等。《新唐书·艺文志》收佛家典籍要多得多，仅在子部里就集中有"释氏二十五家，四十部，三百九十五卷"。在《宋史·艺文志》里，僧人们在地理方面的著作载有僧应物《九华山记》二卷、僧文政《南岳寻胜录》一卷；农家类的著作有僧赞宁《笋谱》一卷、僧仲休《花品记》一卷；小说类有僧庭藻《续北齐还冤志》一卷、释赞宁《物类相感志》五卷及《传载》八卷、僧文莹《湘山野录》三卷及《玉壶清话》十卷、僧惠洪《冷斋夜话》十三卷等；天文类有僧一行《二十八宿秘经要诀》一卷；五行类有僧一行《遁甲通明无惑十八钤局》一卷和《地理经》十二卷、僧善嵩《诀金书一十四字要诀》一卷、僧德济《胜金历》一卷、僧正固《骨法明镜》三卷等；历算类有僧一行《开元大衍历议》十三卷和《心机算术格》一卷，后者还有僧栖岩注；类事类有僧守能《典类》一百卷、僧道蒙《仕途经史类对》十二卷；医药类有《龙树眼论》一卷、僧文宥《必效方》三卷等；甚至兵家类中也有释利正《长庆人事军律》三卷。《明史·艺文志》里也有不少僧道的作品，如在史部中有僧德清《曹溪志》四卷、僧传灯《天台山志》二十九卷等，可见这在佛教僧侣里已经形成了传统。集部中有宗泐《全室外集》十集、法住《幻住诗》一卷等30余位僧人的别集，这些作品里都有相当的世俗成分，包括理、农、医、工等现代百科在中国古代的存在形式。而这些不仅构成了中国古代文明的一部分，还对整个社会产生很大影响。如"吾国旧时医学，所受佛教之影响甚深"[①]，佛家医道成了中医的成分之一，其中一大原因是佛教医学与传统医学在药理和医道上由于互相接受而彼此通用，这些相通的内容当然也会出现在有关的佛家文献里。

此外，为了加强宗教的感染力，佛教也有音乐和乐谱。音乐的乐谱无疑也是一种文献，而敦煌文书中的《敦煌曲谱》虽是俗曲，却抄写在《仁王般若经抄》的背面而为僧人所藏，可见其也在寺院内奏响过，彼此是互动的。南宋宗鉴所撰的《释门正统》和志磐所撰《佛祖统纪》不仅体裁上和《史记》《汉书》等"正史"一脉相承，而且在维护所谓"道统"的宗旨上也和儒家毫无二致。可以说这些佛家志书几乎无一例外地遵循着传统史学的范例，贯穿着传统史学的精神。

上述的介绍表明，一是自魏晋以来，佛教文献在形式上已和中国传统文献合拍，所以能被"四部"分类所融合；二是这些佛

[①] 陈寅恪：《崔浩和寇谦之》，载于《金明馆丛稿初编》，上海古籍出版社1980年版，第113、114页。

教文献之内容涉及中国社会文化的几乎所有方面，换言之，佛教文献所反映的中国社会世俗内容是全面的；三是这些文献里佛家的内容和世俗的内容是混杂的，有的已经结合得天衣无缝。

（三）

至于表明佛教与世俗社会各种人际关系的文书，如果佛教在里面所占比重大，就算佛教文献，它们也为数不少。因为人与人之间的关系更涉及社会的法律与道德，也包括社会上上下下的各个阶层，所以这些文献也就包含着更多世俗的价值观和伦理观，以及在这些观念基础上所反映的制度。以敦煌吐鲁番出土的佛教文献为例，其中一类是关于寺院和外界经济关系的。如寺院拥有"寺户""奴婢"等依附劳动者的情况，寺院与民间交易往来状况，各种地产、房产、借贷的契约，还有寺院及僧人纳税的记录等。一类是寺院或僧人与官府的关系，例如如何受官府的差遣，如何接受官府对有关刑事和民事方面的判决，等等。反过来也有不少官府和官员修建寺院，参与佛事活动的记载，如据吐鲁番文书，麴氏高昌时期的当地宿卫寺、抚军寺、田地公寺、索郎中寺数十所寺院都是官府或官员所建，并以为寺名。还有一类是僧人和民间人士结成"义邑"等社，甚至是参加民间各类社会活动的记载。这些文献皆为僧人所书，为寺院所用或保存，是不折不扣的佛教文献。里面关于和世俗各色人等的种种关系之记载，实际上也是反映了世俗社会的一个侧面。而镌刻在各个寺庙里面不计其数的碑刻，包括它们的拓本或录文，如联系僧民关系的功德碑，皇帝的御碑，官府的禁止碑或护寺碑，甚至是庙产土地权益碑等①，都反映着寺庙和僧人依然是世俗社会的一分子。自两汉之后，世俗社会的意识和制度都以儒家思想为主导，所以具有这方面内容的佛教文献也就更多地打上了儒家的烙印。

此外，佛教也不可能完全超脱于政治。隋唐以降，有一些僧人因为出身于士大夫，或接受了儒家的道德标准，尤其在国难动乱之中，他们往往会投身于世俗政治之中，而这些也会在作品中表现出来。如"由于明末清初，粤籍僧人或来粤僧侣大都支持过南明政权，为此清代乾隆年间广东出版的禁毁书中，有不少属于僧人的著作，如释真朴的《曹溪通志》，释函可的《天然和尚语录》《千行诗集》，释函昰的《瞎堂诗草》，释今释的《徧行堂集》《徧行堂杂剧》《梧州诗》等，释成鹫的《咸陟堂诗文集》，释

---

① 虽然有的碑文非僧人所撰写，但碑文的主题都是关于佛教的，而且其碑置于寺庙内，为寺庙的一部分，所以那些碑文属于佛教文献是无疑的。

古翼的《丹霞雪诗》，释大汕的《离六堂集》，释古如的《丹霞语录》，释今无的《光宣台集》，释古梵的《圆音语录》"①等等，就是因为在这些作品中包含着有关现实政治的内容，里面涉及儒家的东西就更多了。

随着理学的兴起，儒家在整个社会政治文化里的权重日益加强，渗透进佛教的以儒家思想为核心的世俗内容，越来越多地出现在华土的佛教文献中。其实所谓的佛教"中国化"，这也是很重要的一个方面。

在这种情况下，自唐、宋以降，佛教已经全面地接受了世俗社会的道德准则和行为规范，从而染上了浓浓的儒家色彩。当然这种接受从佛教传入之日起就已经开始。早在汉代，中国最早出现的本土所撰佛教文献之一《牟子理惑论》中已屡屡引用孔子、老子等的话加以比附，"如第三节、第四节完全是讲老子的'道'"②。乃至刘宋时慧琳鼓吹"六度与五教并行，信顺与慈悲齐立，殊途同归"③，预示着佛教顺应社会道德观念的一个重要趋向。唐、宋之间，专制集权制度的进一步加强，亟待新的道德约

---

① 参见林子雄：《古代广东佛教文献印刷出版及其影响》，载于《岭南宗教历史文化研究》，天津古籍出版社2002年版，第143页。
② 周一良：《"牟子理惑论"时代考》，载于《周一良学术论著自选集》，首都师范大学出版社1995年版，第398页。
③ 参见《广弘明集》卷七"列代王臣滞惑解"。

束机制来维系社会之稳定,强大的政治压力迫使佛教服膺于新兴的理学,于是更多以儒家观念为代表的世俗道德被佛教所接受,并被表达在文献里①,从量变到质变,形成了一个飞跃。于是佛教宣称"诸佛本怀"是"表扬孝道因缘,为仁子报亲之大本"②。宋僧契嵩极力鼓吹"夫孝,天之经也,地之义也,民之行也。至哉大矣,孝之为道也夫"③。佛教还将"入仕则竭忠以事君,均赋以利国,平征以肃民;出家则庄严以奉佛,博施以待众,斋戒以律身。尽此六者,可谓神矣"④作为道德的最高规范,比作为神。其所树立的标准佛教居士形象则是"口诵佛书,心存仁义,修己齐家"⑤。正如王阳明一针见血地指出:"仙、佛到极处,与儒者略同"⑥。这些关于佛教世俗道德化的情况很多论著都已经证明过,几乎成为学界的共识了。佛教吸收世俗道德标准的过程也是把教内外行为规范融合统一的过程。这个过程的进行不仅在一个侧面改造了佛教,也将佛教的道德观念同时反映到社会,影响世

---

① 参见严耀中:《论"三教"到"三教合一"》,载于《历史教学》2002年第十一期。
② 参见《楚山绍琦禅师语录》卷二"法语",石经寺2005年印本。
③ 参见《镡津文集》卷三《辅教编下·原孝章第三》。
④ 王正:《重修范阳白带山云居寺碑》,载于《全辽文》卷四,中华书局1982年版。
⑤ 参见《楚山绍琦禅师语录》卷七"宗门要览卷端小影"。
⑥ 《语录一》,载于《王阳明全集》卷一,上海古籍出版社1992年版,第19页。

俗民众的言行举止。而这过程的前前后后、方方面面都会在佛教的文献中呈现出来。

中国古代的世俗社会里还有道教等其他宗教，这些宗教对佛教而言也是中国古代世俗社会和传统文化的一部分，它们也会在佛教文献中得到反映。一些民间崇拜的内容被佛教所吸收，它们的偶像进了寺庙，文字内容渗透到各种佛教文献内，最多数量是各种"宝卷"，其中虽然有的系僧人所撰，或冠以佛名，但实际上是反映民间宗教的。有的还被收在佛藏里。其中佛、道二家纠葛最多，单从佛教文献方面说，其中一些就夹杂着道教的东西。如萧登福先生认为《佛说佛医经》《佛说三厨经》《佛说七千佛神符益算经》等含有大量中国人熟悉的阴阳五行、道教养生等内容，是抄袭道经的伪经[1]。这些都可视作社会上诸宗教在佛教文献中的反映。

（四）

从上述简单的概述中我们可以看到，世俗社会的形形色色都会在佛教文献中有所表现。佛教在印度时，经典里就有所谓《杂

---

[1] 参见萧登福：《道家道教与中土佛教初期经义发展》第十章，上海古籍出版社2003年版。

藏》，系"录诸异法，合集众杂，复为一藏"①。佛教传到华土后，情况依然如此，不过"异法"的内容却是中国世俗社会中儒、道等观念了。我们现在习惯于在世俗的各种文献里寻找有关佛教的资料，其实在佛教的文献中通过检索、归纳和解析，同样可以还原出一个世俗世界来。要紧的是，这个还原出来的世俗世界是一个从佛教角度来看的世界，更能够体现出佛教和这个世界的关系，或者说佛教和中国社会的关系。这种关系勾描出从佛教角度所见的中国古代"三教合一"现象，以及佛教成为中国传统文化一部分之历程，这对于了解中国佛教之演变和了解中国古代社会都是十分有用的。而佛教之所以能有如此众多的世俗内容，是因为它的意识形态里有着真谛——俗谛的双重结构，使之可以接受与融合不同的文化，这也是其能够在华土站稳脚跟的一个非常重要的理由。

[作者系复旦大学文史研究院教授]

---

① 失译《撰集三藏及雜藏傳》，《大正藏》第49册，第3页中。

《儒行》的现代意义：如何做一个现代知识分子

李尚全

摘要：本文对《礼记·儒行》篇进行了现代意义诠释，通过孔子对儒家知识分子应具备的16个内涵品格的介绍，对比当代中国知识分子的现状，认为当代中国知识分子已经没有孔子规定的品格内涵，只有专业知识。对此，当代中国知识分子应该自觉，找回丢掉的灵魂。

关键词：儒家；孔子；知识分子；专业知识

《儒行》是《礼记》里的一篇阐述知识分子人格气节的论文。确切地说，是战国时代的孔子学派的作品，具体是谁做的，已难考证。这篇论文的主旨,是揭示儒家知识分子的立身准则和处世圭臬。先秦学者发表议论,依据的文献有两个,一是古书的记载,例如孔子就把五经作为教授学生的教科书,二是学术权威。《儒行》就依据孔子的言论,说明儒者的基本涵养,即礼义。在先秦儒家眼里,礼义与礼仪、礼制不同。礼义是理论层面上的"礼的理论",礼仪则是社会伦理层面上的"礼的行为",而礼制则是社会制度层面上的"文官制度"。《礼记·儒行》篇,是孔子与鲁哀公讨论一个真正的儒者的行为品格的重要文献,相当于当代美国学者拉塞尔·雅各比(Russel Jacoby)在《最后的知识分子》里讨论的"公共知识分子"(public intellectuals)问题。

一、知识分子没有具体的外表特征,但必须有内在的操守

鲁哀公问于孔子曰:"夫子之服,其儒服与?"孔子对曰:"丘少居鲁,衣逢掖之衣,长居宋,冠章甫之冠。丘闻之也:君子之学也博,其服也乡;丘不知儒服。"

哀公曰:"敢问儒行。"孔子对曰:"遽数之不能终其物,悉数之乃留,更仆未可终也。"

哀公命席。

孔子通过与鲁哀公的对话，说明儒家知识分子没有具体的外表特征。就拿他本人来说，少年时代，在鲁国度过，就穿鲁国盛行的宽袍大袖，成人以后，在宋国生活，就戴惯了宋人的帽子。也就是说，知识分子要博学于文，至于穿着打扮，入乡随俗而已。但如果我们现在讨论知识分子的修养问题，几句话是说不清楚的，如果要讲清楚，也许今天提茶倒水的仆人要换班好几轮。鲁哀公听了以后，就命令仆人，为孔子铺设席位，准备与孔子长时间地讨论知识分子的修养问题。"儒行"，用今天的话说，就是知识分子的修养、操守、理想。属于礼义研究的范畴，有别于礼仪、礼制研究。先秦诸子所说的礼，是礼义、礼仪、礼制三位一体。本文专门讨论礼义问题，即儒家知识分子的内在操守，对认识当代中国公共知识分子问题，仍然具有可借鉴价值。陈来认为：

公共知识分子问题是一个现代性的问题。但知识者的公共性并非现代社会所独有。葛兰西（Antonio Gramsci）所谓的传统知识分子也有其公共性。而中国古代的"士""儒""士大夫"，其本身在作为学者的同时就是官僚队伍的成员或候补成员，所以在此意义上古代中国的士儒天然具有其公共性。虽然在承担行政职务的范围和等级上的不同会导致其公共性的差异，但总的来说，公共性对于古代的士儒从来不是问题。现代知识分子的公共性的展开和表达，无论就其存在还是技术的意义而言，与古代已不可比。古代士儒超越自身利益而面对的公共事务集中在朝廷政治和地方政务，因此他们的政治表达途径与方式要么在官廷之中面陈政见，要么在地方上疏建言、发布政教，与今天知识分子赖以生存的以大众媒介为主体的公共领域大相径庭。古代士儒的政论文字，也限于知识人之间流传，而不是"公开的合理讨论"（哈贝马斯）。但是另一方面，在价值取向上，现代中国的公共知识分子必然在不同程度上受到中国知识群体传统的影响。①

中国知识分子的压抑感，在"文化大革命"之后蓦然消解，并且在改革开放初期以官方定义的'工人阶级的一部分'的身份恢复了与其他社会阶层的平等地位。20世纪80年代的"知识

---

① 陈来：《儒家思想传统与公共知识分子——兼论现代中国知识分子的公共性与专业性》，载于许纪霖主编：《知识分子论丛》（集刊），江苏人民出版社2003年版，第2页。

分子"话语更多具有"政治化"的性格；20世纪90年代中期的"知识分子"话语是针对"市场化"的所谓"人文精神"；而21世纪的今天，对"'公共知识分子'的讨论，一方面按其在西方发生的逻辑，应当是针对'专业化'和技术理性，另一方面则可能也针对着当代中国知识群体生活的'小资化'"。① 因此，在目前反思《礼记·儒行》的当代价值，是有现实意义的。

二、儒家知识分子的16个操守

孔子侍曰：

孔子坐在鲁哀公给他铺设的席位上，对鲁哀公陈述了儒家知识分子的16个操守，如下：

1. 自立：树立"关心政治、参与社会、创造文化"的自觉意识

> "儒有席上之珍以待聘，夙夜强学以待问，怀忠信以待举，力行以待取：其自立有如此者。"

---

① 陈来：《儒家思想传统与公共知识分子——兼论现代中国知识分子的公共性与专业性》，载于许纪霖主编：《知识分子论丛》（集刊），江苏人民出版社2013年版，第1页。

"儒有席上之珍",郑玄注:"席,犹铺陈也,铺陈往古尧、舜之善道。"用杜维明的话来诠释,就是:"儒家学者无论是精神上的自我界定还是社会功能,都比希腊哲人、犹太先知、印度教教宗、佛教僧侣或基督教牧师更令人联想到现代知识分子。而且,基于对环境恶化、社会分裂、分配不公的普遍关注,儒家具有包容性的人文主义,看来比启蒙时代以人类为中心的世俗人文主义更加切合当前的时代精神。"即"关心政治、参与社会、创造文化"的自觉意识。① 为了达到这个齐家、治国、平天下的目的,儒家知识分子的生活方式是:不分白天黑夜地努力学习书本知识,向有学问的人讨教,充实自己的学识,涵养出忠实诚信的人品,脚踏实地做好自己的本职工作,以得到社会的认同。

2. 容貌:入乡随俗,谦卑礼让

"儒有衣冠中,动作慎;其大让如慢,小让如伪;大则如威,小则如愧,其难进而易退也,粥粥若无能也:其容貌有如此者。"

---

① 张允熠、陶武:《杜维明的知识分子观》,《中国哲学史》2004 年第 3 期,第 120 页。

儒家知识分子在衣着打扮上，入乡随俗，行为举止，如履薄冰，十分谨慎，丝毫不敢违背当地礼俗；在为人处世方面，大的谦让看起来非常傲慢，目空一切，而对一些鸡毛蒜皮的小事的谦让，往往装模作样，显得满不在乎的样子；对重大事情，持敬畏的态度，小心从事，认真对待，而对无关重要的小事则显出一幅惭愧内疚的样子；越难做的事情越不放手，而对肥缺美差则漫不经心，拱手让与别人，这在好占便宜人的眼里，简直就是一个柔弱无能的人。

3. 备豫：慎独守心，修身待命

"儒有居处齐难，其坐起恭敬，言必先信，行必中正，道涂不争险易之利，冬夏不争阴阳之和，爱其死以有待也，养其身以有为也：其备豫有如此者。"

一个人独处的时候，思想抛锚，想入非非，最难调理，所以儒家知识分子把"慎独"作为第一修身要务，起身坐卧都很有风度，言谈首先考虑的是语言的真实性，走路不东歪西扭，在路上不横行霸道，冬夏天不跟人争抢冷暖的地方（冬天争晒太阳的地方，夏天争乘阴凉的地方），爱护生命和保养身体的目的是为人民服务。

4. 近人：行己有耻，博学于文

"儒有不宝金玉，而忠信以为宝；不祈土地，立义以为土地；不祈多积，多文以为富。难得而易禄也，易禄而难畜也。非时不见，不亦难得乎？非义不合，不亦难畜乎？先劳而后禄，不亦易禄乎？其近人有如此者。"

儒家知识分子在为人处世方面，以占有金玉宝贝、土地财富为耻辱；以追求文化知识为天职。所以，得到他们的认同很难，由于他们淡泊名利，聘用他们做事不会计较工资的多少，但他们坚持原则，所以很难领导。不具备主客观条件，他们不会现身，不是很难得到吗？不符合规章制度、违法乱纪的事他们坚决不做，这样不是很难留住他们吗？他们无功不受禄，这不是很容易发放俸禄吗？

5. 特立：不玩物丧志，不怕牺牲，勇于承担社会责任?

"儒有委之以货财，淹之以乐好，见利不亏其义；劫之以众，沮之以兵，见死不更其守；鸷虫攫搏，不程勇者；引重鼎，不程其力；往者不悔，来者不豫；过言不再，流言不极；不断其威，不习其谋：其特立有如此者。"

对于儒家知识分子来说，就是把财物放在他们跟前，他们也不会动心；哪怕是人多势众，甚至用器械来威胁生命，他们也不会害怕退让。但如果有凶猛的禽兽威胁到人民财产，委以社会重任，他们会毫不推诿地勇于承担。他们的独特之处不光是这些，诸如：错过的机遇不后悔，得到好处不沾沾自喜；说错的话不重复，听到流言蜚语不计较；不断地加强自我修养，鄙视玩弄权术谋略。

6. 刚毅：宁愿儒雅淡薄地生活，也不屈服于强权

"儒有可亲而不可劫也，可近而不可迫也，可杀而不可辱也。其居处不淫，其饮食不溽，其过失可微辨而不可面数也；其刚毅有如此者。"

对于儒家知识分子来说：可以亲近而不能绑架，可以交朋友但不能收买，可以杀掉但不能侮辱。他们对于居住的环境并不要求豪华，对饮食也不追求丰厚，他们有过错可以委婉地辨析但不能当面粗暴地数落。

7. 自立：以忠信礼义为武器，以仁义为志向

"儒有忠信以为甲胄，礼义以为干橹；戴仁而行，抱义

而处；虽有暴政，不更其所：其自立有如此者。"

儒家知识分子以忠信礼义为武器，无论所处环境多么恶劣，也不随波逐流，改变以仁义为志向的知识分子情怀。

8. 仕：虽然穷困潦倒，也不讨好巴结上司

"儒有一亩之宫，环堵之室，筚门，圭窬，蓬户，瓮牖，易衣而出，并日而食。上答之，不敢以疑；上不答，不敢以谄：其仕有如此者。"

儒家知识分子如果出去工作，绝不计较工资的多少，哪怕是有一亩地大的宅院，他们也会圈上院墙，安上竹子编的门，里边用茅草搭个屋子，开个圭形的小门，用破瓦罐做个窗户，一家人只有一套衣服，谁出门谁穿，两天吃一次饭。尽管生活如此穷困潦倒，也不抱怨上司，更不愿意讨好巴结上司。

9. 忧思：先天下之忧而忧，后天下之乐而乐

"儒有今人与居，古人与稽；今世行之，后世以为楷；适弗逢世，上弗援，下弗推，谗谄之民有比党而危之者，身可危也，而志不可夺也；虽危起居，竟信其志，犹将不

忘百姓之病也：其忧思有如此者。"

儒家知识分子虽然和当代人生活在一起，但言行却与古代君子相符合；他们现在的所作所为，是后世人们效法的楷模。假如他们生不逢时：上边没有人提携，下边不但没有人推荐，反而处在成群结队的谀佞谄媚小人堆里，可谓是四面楚歌，处境艰难，但志向不可剥夺。尽管处境维艰，泥人过河，自身难保，但他们仍然不忘老百姓的疾苦。

10. 宽裕：己所不欲，勿施于人

"儒有博学而不穷，笃行而不倦，幽居而不淫，上通而不困；礼之以和为贵，忠信之美，优游之法；慕贤而容众，毁方而瓦合：其宽裕有如此者。"

儒家知识分子学无止境，笃行不倦，个人独处时克己复礼，对待自己的工作鞠躬尽瘁，死而后已。在做具体工作的时候，不死板教条，本着忠信的根本原则，具体问题具体对待，采用优柔的方式方法，克服简单粗暴的工作态度，把群众看成是圣贤。

11. 举贤援能：己欲立而立人，己欲达而达人

"儒有内称不辟亲，外举不辟怨；程功积事，推贤而进达之，不望其报，君得其志；苟利国家，不求富贵：其举贤援能有如此者。"

儒家知识分子是大公无私的。举例来说，推荐人才，是最能反映一个知识分子人格的试金石。他们只考虑被推荐者是否德才兼备、能不能胜任本职工作，所以在推荐人才时，他们不考虑推荐者与自己的亲疏关系问题，只考虑被推荐者的功绩，把贤能的人才推荐给组织，也不希图被推荐者的回报，始终把组织原则摆放在第一位，始终把国家利益最大化，不通过推荐人才的渠道结党营私，拉帮结派，搞谋私利的小圈子。

12. 任举：有朋自远方来，不亦乐乎！

"儒有闻善以相告也，见善以相示也；爵位相先也，患难相死也；久相待也，远相致也：其任举有如此者。"

儒家知识分子，彼此之间相处，听闻到善言，见到善事，就互相转告；遇到提拔授予爵位的事情，就互相礼让，而遇到灾难

则争先恐后地承担起来，就是牺牲自己宝贵的生命，也在所不辞；如果处于困境之中，无论时间多久，路途多么遥远，都会耐心等待，互相勉励，共渡难关。

13. 特立独行：直言不讳，独立自主

"儒有澡身而浴德，陈言而伏，静而正之，上弗知也，粗而翘之，又不急为也；不临深而为高，不加少而为多；世治不轻，世乱不沮；同弗与，异弗非也：其特立独行有如此者。"

儒家知识分子崇尚道德，向上级有礼貌地陈述建言，回来以后反思一下，有没有失礼的地方，上级不理解，简单地解释一下就行了，不必急于求成，让上级立即采纳；在为人处世方面，不欺负弱势群体，不巧立名目欺骗上级；天下太平而不轻佻、醉生梦死，天下大乱而不随波逐流；与感情好的同僚做事不结党营私，与感情不和的同僚做事也不落井下石，排斥异己。

14. 规为：宁为玉碎，不为瓦全

"儒有上不臣天子，下不事诸侯；慎静而尚宽，强毅以与人，博学以知服；近文章，砥厉廉隅；虽分国，如锱铢，

不臣不仕：其规为有如此者。"

儒家知识分子有自己的操守，如果让他们改变操守，恐怕难于上青天，他们决不为了名闻利养上臣天子，下事诸侯。他们宁愿过谨慎安详、刚毅坚强、宽以待人、博学于文、行己有耻、遵守礼乐法度、事上磨练品行的平淡生活，也不会通过厚颜无耻，得到封疆建国的荣华富贵。

15. 交友：志同道合，诚信为本

"儒有合志同方，营道同术；并立则乐，相下不厌；久不相见，闻流言不信；其行本方立义，同而进，不同而退：其交友有如此者。"

儒家知识分子的交友原则是：志同道合，同事互助，事业有成则互相祝贺，万一有人落后，也不嫌弃；哪怕是彼此很久不想见面，有各种流言蜚语传来，也不相信。朋友之间，本方立义，意见相同，就共同奋斗，意见相左，就渐渐礼让疏远。

16. 尊让：宽以待人，严以律己

"温良者，仁之本也。敬慎者，仁之地也。宽裕者，仁

之作也。孙接者，仁之能也。礼节者，仁之貌也。言谈者，仁之文也。歌乐者，仁之和也。分散者，仁之施也：儒皆兼此而有之，犹且不敢言仁也，其尊让有如此者。"

仁是儒家知识分子追求的最高境界，主要表现为：把培育温和善良的人品作为仁的根本，恭敬谨慎的处事方法是仁的本质，宽宏大量的心态是仁的作用，谦虚待人是仁的功能，遵纪守法是仁的外貌，言谈道义是仁的文采，歌唱音乐是仁的和谐，做慈善事业是仁的社会作用。以上这些仁的品格，不见得每个儒家知识分子完全具备，但他们兼数个而有之，有个逐渐完备的修身过程。

三、结论：回归传统，找回当代知识分子丢掉的灵魂

美国学者奈斯比说："随便抓住一个大学教师，你几乎总能发现他是一个商人""'企业精神'在大学中蔓延，败坏风气并腐蚀着每一个人。"[1] 当代中国知识分子不应只有专业知识，还应该有内涵修养。这就是孔夫子所说的：

"儒有不陨获于贫贱，不充诎于富贵，不恩君王，不累长

---

[1] [美] 拉塞尔·雅各比著，洪吉译：《最后的知识分子》，江苏人民出版社2002年版，第172页。

上,不闵有司,故曰儒。今众人之命儒也妄,常以儒相诟病。"

儒家知识分子不会因为贫贱困窘丧失修身、齐家、治国、平天下的志向,也不会因富贵而骄横跋扈,更不会因为君王的困辱、长官的恐吓、官吏的刁难而不讲原则,丧失知识分子的良知。如今的一些知识分子只有专业知识,而没有操守,彼此之间,为了蝇头小利,争斗得不可开交,这样的人,与知识分子的角色不匹配。

所以,

孔子至舍,哀公馆之,闻此言也,言加信,行加义,"终没吾世,不敢以儒为戏。"

鲁哀公听到孔子关于儒家知识分子的评论,就更加严格地要求自己,以儒家知识分子自居,说话讲诚信,做事讲道义。当孔子从卫国回到鲁国后,鲁哀公就用公馆来招待孔子。这正是当代中国知识分子自觉所在:要以鲁哀公为榜样,跳出"学术商人的窠臼",扮演好知识分子的角色,找回自己的位置,唤回已经丢失掉的灵魂。

[作者系扬州大学佛学研究所所长]

佛教礼仪中国化及其传承意义略论

唐忠毛

摘要：佛教礼仪中国化的发展，源自对印度佛教戒律礼仪内容的继承，但更重要的是源自对大量中国本土儒家礼仪的吸纳，从而形成了中国化特色的佛教礼仪。中国古代礼仪形式在沟通儒佛方面发挥着重要作用，它最终促成了佛教在日常信仰生活实践上的中国化，并为"三教合一"思想的形成提供了可靠的形式载体。此外，佛门中承传至今的礼仪也在一定程度上保存了失传的儒家礼仪，从而成为中华古礼传承的重要渊源之一。

关键词：佛教礼仪；儒家礼仪；百丈清规；传承发展

所谓的佛教中国化主要包含了三个层面的内容：其一，印度佛教进入中国后在思想观念层面的中国化，这主要涉及佛教思想与中国本土儒道思想的碰撞与融合；其二，佛教在信仰实践方式上的中国化，比如佛教受中国民间习俗与文化影响，从而在佛教信仰实践上的民间化与民俗化倾向；其三，就是佛教在制度层面的中国化发展，主要涉及佛教戒律与礼仪的中国化发展。其中，佛教礼仪中国化的发展，继承了来自印度佛教戒律礼仪中的部分内容，但更重要的则是佛教礼仪吸收了大量中国本土的儒家礼仪，从而形成了中国化特色的佛教礼仪。可以说，佛教礼仪的中国化，既契理契机地适应了佛教在中国文化习俗土壤中的扎根与生长；同时，中国佛教礼仪也在很大程度上使得长时间失传了的儒家礼仪得以传承下来。

佛教礼仪涉及佛教日常信仰生活的方方面面，诸如殿堂仪规中规定的进入寺庙大殿应有的礼仪：比如走什么门，如何尊敬佛像，如何礼佛，如何诵读经典，如何请经，如何保护佛经等；还有敬僧之法，以及路途中、静坐中、诵经中、禅行中、剃头时，洗澡、上厕所、乘车船、睡卧等生活中如何对僧人与他人保持应有的礼仪。此外，在各种佛教活动与佛教节日中，佛教还规定了相关的礼仪。对于佛教信众，特别是出家者而言，佛教对其个人日常生活的行住坐卧都有具体的礼仪规定，这就是所谓的行、住、坐、卧四威仪。关于佛教四威仪的执身次序,佛门中有偈语曰:"举佛音声慢水流,诵经行道雁行游,合掌当胸如捧水,立身顶上似安油,瞻前顾后轻移步,左右发旋半展眸,威仪动静常如此,不枉空门做比丘。"事实上,佛门之所以重视日常生活的礼仪规范,这与其"戒定慧"三学的阶梯思想一脉相承,其目的在于教会信众从身体开始,做人做事于细微处见精神,学佛要"三千威仪,八千细行",威仪就是说学佛人要向佛学习,细行就是要注意很多细节,所以佛教礼仪就是学佛在日常生活中的运用与实践,礼仪的遵守与学佛的思想精神互为表里,因此而言遵守佛教礼仪就是修身养性、学佛向佛的日常具体表现。佛门的礼仪一方面具有尊敬和合之意,另一方面也意在对身口意进行有效管理;此外,佛教还认为,僧人的威仪细行不仅是僧人应遵守的行为规范,也是僧人保持尊严、摄受众生的一种重要手段。

中国佛教礼仪从其来源而言,除了部分来自印度佛教自身的戒律仪轨,大量的礼仪来自中国本土,特别是儒家礼仪。中国上古时代就是礼仪之邦,早在佛教传入中土之前,中国就已经有了较为完备的礼仪制度。早在周朝,就制定了非常完备的礼仪制度——《周礼》,周礼之完备,以至于孔子慨叹曰:"周监于二代,郁郁乎文哉!吾从周。"由于对周礼的推崇,孔夫子一辈子都以"克己复礼"为己任。除《周礼》之外,我国古代还编有《仪礼》

《礼记》,这三部礼合起来就是我们常言的"三礼"。"三礼"是古代汉民族礼乐文化的理论形态,其对礼法、礼义作了最为权威的记载和解释,对历代礼制的影响也最为深远。"三礼"记录、保存了许多周代的礼仪。其中,《周礼》偏重政治制度;《仪礼》偏重行为规范;而《礼记》则偏重对具体礼仪的解释、论述。这"三礼"所涉及的各种礼制的总和,也就是"礼"的全部内容。"三礼"之中,《仪礼》一书的内容主要是冠、昏、丧、祭、朝、聘、乡、射等典礼的详细仪式,阐述了春秋战国时期士大夫阶层的礼仪,提倡一种有等差的人伦礼仪,包括今天我们所能见到的体现"亲亲尊尊"原则的礼仪。它不仅反映了当时的社会制度与血缘关系,而且对后世社会组织、文化观念有着重要影响。通过这些礼仪的研究,可以考见中国古代宫室、舟车、衣服、饮食等日常生活情形,以及宗教信仰、亲族制度、政治组织和外交方式等。《礼记》的内容主要是记载和论述先秦的礼制、礼意,解释《仪礼》,记录孔子和弟子等的问答,记述修身做人的准则。佛教未传入中土之前,中国本土的礼仪、习俗,民众都耳濡目染,引以为傲,并自诩为礼仪之邦。因此,当佛教刚进入中土之时,不仅在思想观念层面需要本土化的改造,其在礼仪层面也需要进行本土化(中国化)的改造。如果我们把现在的中国佛教礼仪进行细致的考研,将其与中国儒家相关礼仪及其中国民间礼仪习俗相比较，我们就会发现很多佛门礼仪是来自儒家与中国本土的习俗礼仪。事实上，在原始佛教中，并没有诸多现在中国寺院中常见的那些礼仪。也就是说，传承至今的汉传佛教很多礼仪是中国僧人创制的，而这些僧人出家之前大多数有儒生的经历，这使得他们有条件、有能力将儒门中即将失传的礼仪融入某些佛教仪式中。

佛教礼仪的中国化改造，也是儒佛融通的结果，这既容易为普通中国人所接受，也保存了儒家礼仪的精华。起初，在佛教礼仪中国化的建设方面，东晋杰出的高僧释道安发挥过重要作用。汤用彤先生曾言"东晋之初能使佛教有独立的建设，艰苦卓绝真正发挥佛陀的精神，而不全借清谈之浮华者，实在弥天释道安法师"[1]，道安不仅开始以中国人的思维方式、以中国人的思想理论视野来格义诠释来自印度的佛教，使得中国有了自己的佛学理论，并且也在佛教礼仪中国化方面作出了开创性的贡献。《高僧传》曾记载："安既德为物宗，学兼三藏，所制僧尼轨范，佛法宪章，条为三例：一曰行香定座上经上讲之法；二曰常日六时行道饮食唱时法；三曰布萨差使悔过等法。"[2] 由此可见，中国佛教最初这些礼仪制度的建立，往往是由早年饱读儒书转而学佛的

---

[1] 汤用彤：《汉魏两晋南北朝佛教史》，中华书局1983年版，第133页。
[2] 参见（梁）慧皎：《高僧传》卷五。

僧人来完成，绝非偶然。在中国佛教史上，我们还可以举出很多这样的高僧，他们或有深厚的儒学家传，或早期有较长时间的学儒经历，这些使得他们成为一代佛教典章制度的制定者。比如隋唐之际的律宗大师道宣，其父曾任后陈的吏部尚书；唐代禅宗、华严宗高僧宗密、明代净土宗高僧莲池袾宏等，都出身儒门。特别是袾宏，应该说是近代以来流行的很多佛教仪轨的实际制定者。当然，佛教仪轨肯定有一定的佛教理论的支撑，融入了佛教的宗教性内涵，但不可否认，其具体的仪式很多是中国传统的，而非仅仅是印度的。

本来中国佛教从东晋道安首创僧尼规范三例以后，即随时有在戒律之外别立禁约之举，如支遁立众僧集仪度，慧远立法社节度，乃至梁武帝造光宅寺于金陵，命法云为寺主，创立僧制，用为后范。事实上，中国佛教界也并不讳言佛门的规矩来自中国传统儒家礼乐之道。如《敕修百丈清规卷八·法器章第九》中，开篇即曰："上古之世，有化而无教，化不足而礼乐作焉。击壤之歌，不如九成之奏，洼樽之饮，不若五齐之醇。然文生于质，贵乎本也。吾天竺圣人最初示化，谓人人妙觉，本无凡圣，物物全真，宁有净秽？无假修证，不涉功用。而昧者茫然自失，若聋瞽焉。于是，随机设教，击犍椎以集众，演之为三藏，修之为禅定，迄于四十九年而化仪终矣。梵语犍椎，凡瓦、木、铜、铁之有声者,若钟、磬、铙、鼓、椎、板、螺、呗,丛林至今,仿其制而用之。于以警昏怠,肃教令,导幽滞,而和神人也。若夫大定常应,大用常寂,闻非有闻,觉亦非觉。以考以击,玄风载扬,无思无为,化日自永。雍雍乎仁寿之域,清泰之都矣。"①该文指出,早期的佛教并没有仪轨形式,就佛教"本无凡圣,无假修证"的理论而言,礼仪是根本不需要的;但是,后世人们由于根基低下,需要礼仪来规范,于是,瓦木铜铁等器具便可以用来作为警醒人心的工具。禅宗形成初期,中国禅宗丛林并无细致的制度、仪式,故"百丈清规"设有法堂、僧堂、方丈等制度,又规定众僧分别担任东序、寮元、堂主、化主等各种职务,为八、九世纪间中国禅宗脱离律寺,维持独自教团生活之必要规范。《百丈清规》分上、下两卷,计有九章。卷上有祝厘章第一、报恩章第二、报本章第三、尊祖章第四、住持章第五。卷下有两序章第六、大众章第七、节腊章第八、法器章第九。而在《百丈清规》的九章中,前四章主要规定关于祝圣、国忌、祈祷、佛诞节、涅槃节、达摩忌、百丈忌以及各寺历代诸祖忌等仪式,而这些都是律所未定,古规没有的。因此,百丈清规既是中国禅宗寺院(丛林)组织的规程和寺众(清众)日常行事的章则,也可说

---

① 参见《大正藏》第四十八册,第1155页中。

是中世以来中国禅林创行的僧制。而综观清规的种种礼仪规定，可以看出其大多效法及顺应中国儒家的礼仪与中国本土的习俗仪礼传统。

自东汉以降的两千多年来，佛教日常生活与信仰实践中承传的礼仪规范，不仅使得佛教自身的发展有了活生生的日常承载，同时它也在一定程度上保存了长期失传的儒家礼仪。儒家礼仪经过春秋战国的社会动荡和秦朝的暴政，基本上礼乐崩坏，礼法失传。上古时期儒家有所谓"礼仪三百，威仪三千"，但到了汉代，《仪礼》只剩了十七篇。上古之礼至两汉时期，虽然有所恢复，但是往往只流于形式，缺乏内在的精神意义。在这种形势下，传入中国并很快展开中国化转型的佛教便成为维系中华礼仪传统、传承古老礼乐形式的重要力量。我们知道，儒家还有一个传统观念，那就是"礼失而求诸野"。比如，我们在古老的《诗经》之《国风》中就可以发现不少周礼在民间的应用，像那时有关婚俗的"六礼"之中，男方去女方纳吉时也带大雁为礼。而佛教由于被广大的民间信众所尊崇，在其民俗化的过程中，儒家礼仪也被融入进去，所以在一定程度上使得佛教礼仪保存了中华古礼，成为中国文化的重要组成部分。

有关中国佛教对于儒家礼仪的承传与保护，即使是保守的宋儒也发自内心地加以认可。如《佛法金汤编》卷十二记载：宋儒程颢"每见释子读佛书，端庄整肃，乃语学者曰：凡看经书，必当如此。今之读书者，形容先自怠惰了，如何存主得？一日，过定林寺，偶见众僧入堂，周旋步武，威仪济济，一坐一起，并准清规，乃叹曰：三代礼乐，尽在是矣"。① 另一位宋代大儒司马光也有类似经历，司马光曾"暇日游洛阳诸寺，廊庑寂寂，忽声钟伐鼓至斋堂，见沙门端坐，默默方进匕箸。光欣然谓左右曰：'不谓三代礼乐在缁衣中'"。② 由此可见，宋儒对于佛教礼仪的由衷赞叹，既表达了其对儒家礼崩乐坏的感叹，也表达了他们对佛门礼仪传承儒家礼仪的肯定与尊重。

笔者以为，长期以来中国学界对于佛教中国化的研究兴趣大都集中于佛教思想观念层面的儒佛道比较研究，对于制度层面的戒律研究也有不少学者作出了贡献，但对于佛教礼仪中国化的研究似乎还缺乏足够的系统化研究。也可以说，作为佛教中国化重要组成部分的佛教礼仪中国化，没有引起学界足够的重视。但事实上，中国古代礼仪形式在沟通儒佛方面发挥着重要作用，它最终促成了佛教在日常信仰生活实践上的中国化，并为"三教合一"思想的形成提供了可靠的形式载体，因此这也应该是一个很

---

① 参见《卍续藏经》第八十七册，第423页上。
② 参见《佛祖统纪》卷四十五，载于《大正藏》第四十九册，第412页下。

值得深入研究的课题。保护中国传统礼仪的承传，佛教礼仪也为我们提供了一个重要的渊源。当然，我们说重视礼仪研究，也并不是说要像腐儒与教条僧那样执着于外在的形式，而是要将其形式与其承载的精神意义结合起来，以礼仪的形式来传达佛教内在的精神境界，进而超越外在的形式趋向解脱的真谛。

[作者系华东师范大学社会发展学院教授、博导，
《华东师范大学学报》编审]

论儒家仪礼思想的内在本质

——以《春秋》[①]为核心

张志宏

摘要：以孔子为代表的儒家重仪礼。并通过对仪礼内在的理论依据和外在实践形式的建构和推行来践行其"仁""义"的理念，以维护这一建立在血缘纽带基础上的宗族社会，使得社会合乎天道伦常、井然有序。儒家不仅通过"三礼"将其仪礼思想具体化，更通过对《春秋》的编撰，以具体实践事例说明对符合仪礼的褒扬和对违背仪礼的讨伐。

---

① 本文所涉及的《春秋》以《左传》和胡安国《春秋传》为主。

关键词：儒家；仪礼；春秋；义；利

众所周知，中国古代社会是一个建立在血缘纽带基础上的宗族社会。统治者以各种理论和制度设计来维护这种社会形式，以使社会合乎天道伦常、井然有序。"礼"就是其中很重要的一种理论和制度。统治者通过对"礼"的论证和对"仪礼"的实践来维护并不断强化这种社会秩序。

周初，统治者吸取了夏、商两朝衰亡的教训，"我不可不监于有夏，亦不可不监于有殷"(《尚书·召诰》)，提出了"敬德保民"的主张，同时以宗法分封制建国，建立了以周天子为中心的严格的、等级森严的分封制度。然而进入到春秋时期，周王室势力衰弱，天子的地位名存实亡，已失去了西周时创立的宗法制度在政治、经济、社会等各领域中所体现出的严密的组织形态与强大的调节功能，往日等级森严的制度与秩序已开始瓦解。礼崩乐坏，群雄逐鹿中原。尊卑等级不再以宗法为准，而以实力（即兵力）为依据。于是，"礼乐征伐"由过去的"自天子出"，递降为"自诸侯出""大夫执政""陪臣执国命"，因而"春秋无义战"，宗法制度的血缘纽带开始逐渐动摇松懈。

社会混乱不堪，且没有一定的道德规范和伦理标准，以至于老百姓生活在水深火热之中。所以，孔子才作《春秋》①，试图通过对礼的维护以别上下、正纲常，恢复天道伦常。"世衰道微，邪说暴行有作，臣弑其君者有之，子弑其父者有之。孔子惧，作《春秋》。《春秋》，天子之事也……昔者禹抑洪水而天下平，周公兼夷狄驱猛兽而百姓宁，孔子成《春秋》而乱臣贼子惧。"(《孟子·滕文公下》)"王者之迹熄而《诗》亡，《诗》亡然后《春秋》作。晋之《乘》，楚之《梼杌》，鲁之《春秋》，一也。其事则齐桓、晋文，其文则史。孔子曰：'其义则丘窃取之矣。'"(《孟子·离娄下》)孟子的这两段话就说明了孔子因世乱而王道不彰，所以作《春秋》。司马迁也是这样理解的："子曰：弗乎弗乎！君子病没世而名不称焉。吾道不行矣，吾何以自见于后世哉。乃因史记，作《春秋》，上至隐公，下讫哀公十四年，十二公，据鲁、亲周、故殷，运之三代，约其文辞而指博。故吴楚之君自称王，而春秋贬之曰子，践土之会，实召周天子，而春秋讳之曰天王狩于河阳，推此类以绳当世贬损之义。后有王者，举而开之，《春秋》之义行则天下乱臣贼子惧焉。……《春秋》笔则笔，削则削，子夏之徒不能赞一辞。弟子受《春秋》，孔子曰：后世知丘者以《春秋》，而罪丘者亦以《春秋》。"(《孔子世家》)

---

① 尽管学术界对于《春秋》是否是孔子所作还存在争论，但儒家重视《春秋》，并以《春秋》大义为圭臬却是不争的事实。

所以说,"三礼"(《周礼》《礼记》《仪礼》)体现的儒家对"礼"的形式的规定和记载,是从正面讲述礼乐的规定性,以及礼乐、仪礼背后所体现的"礼"的精神;而《春秋》则以具体的事例,尤其是对礼的违背的事例,从反面阐释了儒家对于"礼"的本质的认识。这些在胡安国的《春秋传》中有着详细阐述。

春秋时期礼法繁多,体现在社会的方方面面。王侯将相以及庶民百姓的行为言谈、举手投足都各有章法可循,其礼仪程式、规模大小、器物格局等都体现着"礼"的规定性。这些不同场合、不同情况下所要遵持的"礼"起着明地位、显身份、表尊贵的作用。如葬礼、祭祀、婚丧嫁娶、日常用品等,都有严格的规定以区别天子、诸侯、大夫等身份。尤其是天子与诸侯之间,若诸侯用天子礼,就是僭越,为大不敬。

第一,在葬礼方面,上古时代的墓葬很简单,"不封不树""墓而不坟",到了春秋前期依然保持这种风俗。而到了春秋后期,墓葬的风俗逐渐开始讲求封土。而且讲究封土高起、"丘陇必巨"。这一点逐渐进入了"礼"的规定。根据丧者身份地位的高低贵贱,其坟的高度以及所种的树种也不相同:"天子坟高三仞,树以松;诸侯半之,树以柏;大夫八尺,树以药草;士四尺,树以槐。"(《周礼》)这些都是必须严格执行的,否则就是僭越。其他如陪葬数量、出殡规格、坟丘高矮、墓树种类、祭礼仪程等方面也有严格规定。甚至对不同身份地位的人"死"的称法也大相径庭：天子叫崩，诸侯叫薨，大夫叫卒，士叫不禄，普通庶民才直接说死。可见春秋丧葬制度完全建立在等级制度的基础之上。

第二，在祭祀方面也同样如此。《春秋传·文公上》中记载："八月丁卯，大事于大庙，跻僖公"。胡安国在解经时认为："升僖于闵之上也。闵、僖二公，亲则兄弟，分则君臣。以为逆祀者，兄弟之不先君臣，礼也。君子不以亲亲害尊尊，故左氏则曰：'祀，国之大事，而逆之，可乎？子虽齐圣，不先夫食久矣。'公羊则曰：'其逆祀，先祢而后祖也。'谷梁则曰：'逆祀，则是无昭穆也；无昭穆，则是无祖也。'闵、僖非祖祢，而谓之祖祢者何？臣子一例也。是以僖公父视闵公为礼。而父死子继，兄亡弟及，名号虽不同，其为世一矣。"在祖庙中举行祫等重大祭祀活动时，一定要将神主按辈分大小排好序次，不然就乱了庙次中的昭穆之序而成了逆祀。而在文公二年的这次祭祀因为乱了君臣上下的尊卑之位，故而成了"逆祀"。

第三，在乐舞方面，春秋时期对于不同等级的人可以使用的乐舞也有严格的规定。《春秋传·隐公中》中记载："初献六羽"。胡安国在传中认为鲁诸侯的这种行为是一种僭越，"鲁僭天子之礼乐久矣，是成王过赐而伯禽受之非也，用于大庙以祀周公，已为非礼，其后群公皆僭用焉，仲子以别宫，故不敢同群庙，而降用六羽。书'初献'者，明前此用八之僭也。诸侯僭于上，大夫僭于下，故其末流，季氏八佾舞于庭，而三家者以《雍》彻，上下无复辩矣。圣人因事而书，所以正天下之大典。"

第四，在祭祀山水方面，《春秋传》中不止一处提到了"犹三望"这件事，如《春秋传·宣公上》中记载"犹三望"，胡安国在传中提出"三望者，公羊曰：'祭泰山，河，海。'夫天子有天下，凡宇宙之内名山大川，皆其所主也，故得祭天而有方望，无所不通。诸侯有一国，则境外之山川，他人所主者，而可以望乎？季氏旅于泰山，冉求不能救，而夫子责之者，为泰山鲁侯所主也，大夫何与焉？季氏不得旅泰山，则河、海非鲁之封内，其不得祭亦明矣。犹者，可已不当为之词。"还有《成公上》中也记载了"犹三望"，胡安国在传中提出"吴郡朱长文曰：'礼，天子有四望，诸侯则祭境内山川而已，鲁当祭太山。太山，鲁之境也，礼所得祭，故不书。三望，僭天子礼，是以书之。'其说是矣。楚子輈言三代命祀，祭不越望，而曰'江、汉、沮、漳，楚子之望'，非也。楚始受封，滨江之国，汉水、沮、漳，岂其境内哉？此亦据后世并兼封略言之而。"这两段传文都说明了在祭祀山水上也要按照"礼"的规定，明确上下尊卑的等级制度。

可见，儒家非常重视的"礼"，其作用在很大程度上就是用以区别尊卑、贵贱、长幼、亲疏等关系的,"夫礼者,所以定亲疏,决嫌疑,别异同,明是非也"(《礼记·曲礼》),"礼,经国家、定社稷、序民人、利后世者也。"(《左传·隐公十一年》)"礼"主要用来维持整个社会有机体秩序,使其有条不紊地和谐运行。同时,根据亚里士多德的正义理论①,"礼"主要解决的是"分配正义"问题,将不同的人划分作不同的等级,并严格规定了不同等级的人所能做和不能做的事情,同时对相同等级的人以相同的对待,对不同等级的人以不同的对待。除此之外,正如彭永捷先生所指出的②,儒家也同样重视解决"校正正义"问题。这一点集中体现在儒家所提出的用以解决君民关系的"仁政"理论中,具体举措诸如批评"苛政",反对"暴政",主张"惠民"等。这种以"民本"理念来调和君民关系,劝说统治者采取有利于人民的政策的立场,也极大地体现了儒家思想中人民性的

---

① 亚里士多德的正义理论提出,正义(Justice)可分为普遍正义和个别正义,其中个别正义又可以分为两种,一种是分配正义(Distributive Justice),就是对不同的人给予不同的对待,对相同的人给予相同的对待。即用平等对待平等(完全平等),用不平等对待不平等(比例平等);一种是校正正义(Compensatory Justice),或译作"矫正正义""修正正义",不管谁是伤害者,也不管谁是受害者,伤害者补偿受害者,受害者从伤害者处得到补偿,即各得其应所得,各失其应所失。(详见亚里士多德《尼各马科伦理学》与《政治学》两书。)
② 参见彭永捷《原中——正义理论的一条进路》,中国人民大学学报,2012年第6期。

一面。

　　礼早在周代就已经有完备的形式了，因而孔子是继承因循了周礼，"述而不作"，并将其精神内化而提升出了"仁"的概念。李泽厚先生认为孔子讲仁是为了释礼，而礼则是以血缘为基础、以等级为特征的氏族统治体系，要求维护或恢复这种体系是仁的根本目标。① 因此我们说礼为孔子所因，仁是孔子所创。即仁是礼的内在本质，而礼是仁的外在形式；正是因为有仁的内在规定性，礼才不仅仅是一种形式，而正是因为有礼的具体表现，仁也才不仅仅是一种说教。

　　仁使得人们的心有着落，而礼让人们的手足有所措。仁是一种道德追求，是人们通过道德修养所追求的最高的人生境界，而礼是一种社会规范，是为了维持社会秩序对人和人之间的关系所作的强制性约束。孔子一生都致力于建立一个符合"礼"的社会，而符合"礼"的社会应当是一个各安其位的社会，也就是孔子所说的"君君，臣臣，父父，子子"（《论语·颜渊》），"出则事公卿，入则事父兄，丧事不敢不勉，不为酒困，何有于我哉？""不在其位，不谋其政""君子思不出其位"等。《论语·八佾》记载，"鲁定公问：'君使臣，臣事君，如之何？'孔子对

---

① 李泽厚：《中国古代思想史论》，人民出版社1985年版。

曰：'君使臣以礼，臣事君以忠。'"就是说，君主要尊重臣下，以礼待之；而臣下要忠君为国，尽心竭力。

孔子对于礼的维护和对于破坏礼的反对在《左传》中也有详细的史实事例记载：

第一，孔子反对名器僭越。"新筑人仲叔于奚救孙桓子，桓子是以免。既，卫人赏之以邑，辞。请曲县、繁缨以朝，许之。仲尼闻之曰：'惜也，不如多与之邑。唯器与名，不可以假人，之所司也。名以出信，信以守器，器以藏礼，礼以行义，义以生利，利以平民，政之大节也。若以假人，与人政也。政亡，则国家从之，弗可止也已。'"（《左传·成公二年》）这里所说的"器""名"等是指与身份相关的礼器和名分，"县"同"悬"，其本意是指钟、磬等乐器悬挂于架。根据古代礼制规定，天子"宫悬"，就是要四周悬挂钟、磬等乐器；规定诸侯"曲县"，就是要三面悬挂，即东、西、北三面悬挂乐器，南面不可以挂；规定大夫"判县"，就是只能左右两边悬挂；规定士"特县"，就是只能于东面或阶间悬挂。仲叔于奚救了孙桓子一命，功劳虽然非常大，但他终究只是大夫，却请求"曲县"，"繁缨以朝"①，这就是以大夫的身份僭用诸侯之礼，因而发出了叹息。孔子是非常看重

---

① "繁"音"盘"，指的是马的一种装饰物，按礼制也属于诸侯身份才可以享用的装饰物。

"名"的,他提出,"名不正,则言不顺;言不顺,则事不成;事不成,则礼乐不兴;礼乐不兴,则刑罚不中;刑罚不中,则民无所措手足。故君子名之必可言也,言之必可行也。君子于其言,无所苟而已矣。"(《论语·子路》)孔子认为将"器"或"名"给予了和它们所表示的身份不符合的人,是对身份等级的一种僭越。因而孔子提出宁肯多赏赐一些城邑,都不能轻易把"器"或者"名"作为赏赐给予与之不相称之人。

第二,孔子反对"铸刑鼎"。"晋赵鞅、荀寅帅师城汝滨,遂赋晋人一鼓铁,以铸刑鼎,著范宣子所为刑书焉。仲尼曰:'晋其亡乎!失其度矣。夫晋国将守唐叔之所受法度,以经纬其民,卿大夫以序守之。民是以能尊其贵,贵是以能守其业,贵贱不愆,所谓度也。文公是以作执秩之官,为被庐之法,以为盟主。今弃是度也,而为刑鼎。民在鼎矣,何以尊贵?贵何业之守?贵贱无序,何以为国?且夫宣子之刑,夷之蒐也,晋国之乱制也。若之何以为法?'"(《左传·昭公二十九年》)孔子认为"铸刑鼎"甚至是晋要亡国的预兆。因为如果"铸刑鼎"就会导致失去治理国家的"度",这种"度"其实就是用来划分等级身份秩序的工具。有了这种"度"的规定,社会就能秩序井然,和谐安定。但如果以"铸刑鼎"的方式丢弃了这种"度",就会导致贵贱无序,等级混乱,社会必然动荡不安,国家当然也就随之灭亡。孔子之所以反对铸刑书、刑鼎等,一方面是为了维护礼的秩序规定,另一方面也是以"德治"反对"法治"("刑治")。因为孔子认为,"道之以政,齐之以刑,民免而无耻;道之以德,齐之以礼,有耻且格。"(《论语·为政》)也就是说,用政令、刑罚等"法治"手段来引导、治理民众,只会让民众为了避免受到刑法而不做不应该做的事情,虽然没有做,但却没有羞耻之心;如果用道德、礼教来引导、治理民众,他们就有了羞耻之心,当然也就不会去做不应该做的事情了。而这里晋国"铸刑鼎"一事显然是把法治手段看作治理国家的有效手段,而忽略了"德治",因为孔子是反对的。这也正如李泽厚先生说评价的,"孔子反对铸刑鼎,把政刑与礼德对立起来……礼是与成文法对立的氏族贵族的古老的政治、经济体制。"①

第三,孔子提出了"堕三都"的主张。据《左传·定公十二年》记载,"仲由为季氏宰,将堕三都。"《史记·孔子世家》也记载,"定公十三年夏,孔子言于定公曰:'臣无藏甲,大夫无百雉之城。'使仲由为季氏宰,将堕三都。"孔子认为按照礼的规定应该是"臣无藏甲,大夫无百雉之城",如今季孙氏、叔孙氏和孟孙氏三家的采邑费、郈、成都超过了仪礼的规定,所以应该

---

① 李泽厚:《中国思想史论》(上),安徽文艺出版社1999年版,第16页注。

"堕三都，收其甲兵"。这体现了孔子对于"君君、臣臣"的等差秩序的维护。

此外，先秦儒家仁义并举。礼是仁的体现和实现，而礼的合理性和仪礼规范的正当性在于其体现了义的本质。

"义"最早见于卜辞和铭文，直到春秋时才获得其伦理学上的意义。而在《礼记·中庸》中解释："义者宜也。"孔颖达也说："义者宜也，尊卑各有其礼，上下乃得其宜。"可见，"义"就是要人们的行为符合"天理"，而"天理"的具体体现就是"礼"本身。所以，人们的行为要有正当性，就要符合"义"，而要想符合"义"的规定，就要以"礼"为标准，要适宜"礼"。人们要按宗法等级制度中所处的地位和名分言行，各得其宜，就是"义"，反之就是越礼、非分，就是不义。正如《说文》段注："义之本训为礼容各得其宜，礼容得宜则善矣"，所讲的也是这个意思。

儒家对于礼的重视还在于要通过教化的方式，使得整个社会遵循礼的规定，即强调在全社会推行以仁为质、以礼为表的德化实践，以期达到"郁郁乎文哉"的文明社会。《论语》中孔子对"夷夏之辨"的说明无疑为此提供了很好的注脚。对孔子而言，夷狄与诸夏的区别不仅仅是地理位置上的，更是一种文明意义上的。也就是说，不能仅仅以地缘亲疏来判别夷狄还是诸夏，而应该以礼教的进步和文明的传承发展为标准。所以当孔子提出要去"九夷"之地居住，而有人质疑说"陋，如之何？"时，孔子回答"君子居之，何陋之有？"(《论语·子罕》)孔子甚至断言"夷狄之有君，不如诸夏之亡也"。(《论语·八佾》)可见，仁义道德应该是"夷夏之辨"最根本的标准。而使诸夏保有其为诸夏，夷狄开化为有君，即社会文明最重要也是最有效的方式，是行仁义道德的"教化"。通过仁义道德的教化，不仅使人民懂礼、守礼、自觉维护礼，进而"文质彬彬"，而且使得政治清明，社会文明和谐。

[作者系上海社会科学院哲学研究所研究员]

《周易》古礼研究的若干问题

张　朋

摘要：《周易》与周代礼仪具有天然联系，所以随着新时期学术研究走向深入，开展《周易》古礼研究成为一个必然的要求，其无论对于易学还是对于儒家礼仪都具有独特的意义。《周易》经文与周代各种礼仪之间的互相解释、互相印证，特别是对《周易》经文中礼仪制度内容的解释与阐发，这些研究都可以大大加深我们对易学和儒家礼仪的认识。在本研究之中，首先对儒家经学关于《周易》古礼研究的主要缺欠进行辨析，以建立方法论上的自觉。其次，阐释《左传》《国语》中的《周易》古礼内容是对儒家经学中《周易》古礼研究的重要补充。再次，对《周易》卦爻辞之中的诸多具体礼仪内容进行尽可能详细和准确的考辨，并提出很多新的见解。

关键词：《周易》；卦爻辞；周代；礼仪

首先需要说明的是，本文中所说的《周易》是狭义的《周易》，即《周易》古经，就是一般所说的《周易》经文，而广义的《周易》还要包括《易传》。

所谓"《周易》古礼研究"，主要是指《周易》经文与周代各种礼仪之间的互相解释，互相印证，特别是指对《周易》经文中礼仪制度内容的解释与阐发。那么为什么要进行《周易》古礼研究呢？这是新时期《周易》研究走向深入的必然要求。第一，就研究内容而言，作为对上古时期礼仪社会人们生活的可靠记载，《周易》文本之中必然地具有丰富的礼仪内容，特别是对于儒家礼仪研究具有独特的意义。第二，就研究方法而言，对于传世古籍最为可靠的研究方法还是"以经解经"。按照清代朴学实事求是的研究方法，仅就文本而言，对于同一时期的古代经典进行文本内容的互相证明、互相解说是最为重要的研究方法，也是最为可靠的方法。第三，随着新时期考古学、文字学的发展，《周易》文本的字词含义有了更大的文化解读空间，有必要把最新的训诂学和考据学的内容引入传统经学所占据的解说空间中去。

《周易》古礼研究最大的困难是资料限制。这里所说的资料限制包括两方面内容：第一是礼学本身的资料虽然卷帙浩繁，但是零散杂乱，不成系统，驳杂多端，难以梳理。第二是《周易》本身的问题，由于文化背景的缺乏导致可解读的信息量太少，由于词句的过分精短而导致附会阐发过多而精确解读较少。所以迄今仅有一本现代学术专著，即兰甲云先生的《周易古礼研究》（兰甲云编著，湖南大学出版社2008年版）。本文在兰甲云先生这本研究著作的基础上，结合笔者的研究，拟就以下几个方面来对《周易》古礼问题进行讨论：

第一，《周易》与周礼的天然联系考证。

第二，儒家经学关于《周易》古礼研究的主要缺欠辨析。

第三，《左传》《国语》中的《周易》古礼内容钩沉。

第四，《周易》卦爻辞之中的具体礼仪内容考辨。

一、《周易》与周礼的天然联系考证

从"三礼"（《周礼》《仪礼》《礼记》）来看，周代"礼"包括的内容非常广泛，《周易》也在其中，并发挥重要作用。《周礼·春官》曰："太卜掌三易之法，一曰连山，二曰归藏，三曰周易，其经卦皆八，别皆六十有四。"由此可见作为"占筮之书"

的《周易》的使用、传承和解说本身就是周代礼仪制度（简称之为"周礼"）中的一个重要内容，而且其在一定程度上体现了周礼对于夏商二朝礼仪制度的继承和创新。

《春秋左传·昭公二年》有：

> 二年春，晋侯使韩宣子来聘……观书于大史氏，见《易象》与《鲁春秋》，曰："周礼尽在鲁矣。吾乃今知周公之德，与周之所以王也。"

这里所说的《易象》就是自周朝初年以来一直流传的对于《周易》，特别是《周易》卦象的解说，要说关于《周易》的这些文献源于周公制定礼制之初，基本上没有问题。

《左传》中所说的《易象》，自然不是现在的《象传》。因为无论如何，从《左传》《国语》记载的《周易》解说中我们找不到能够证明《象传》在那时候业已存在的直接证据；而且以现代学术的既有研究来看，可以肯定《象传》为儒家早期作品，其《大象》部分应该形成于战国早、中期，其《小象》部分则大致形成于战国晚期。

从其文字句读来推测，应该不大会是《易》《象》。因为《易》《象》就是《易》和《象》。如果是这样的话，那么韩宣子所见就是三册书：《易》《象》与《鲁春秋》，由此可以推断《象》《易》和《鲁春秋》都是同样重要的典籍，但是《象》这本书在我们现今所见的各类古籍上都从来没有提及过，可见这种推测不尽合理。所以《象》不是单独的一本书，它是从属于《易》的，所谓《易象》也就是《易之象》《易和象》或《易·象》。有了《易》而没有《象》并不完整，有《易》而又有《象》，《易》才可读、可用、可学。《易》《象》既然是一体，《易》《象》就可以合文《易象》，这不妨看作是《系辞下》所谓"易者，象也"的思想渊源。

所以最有可能的是，《易象》中包含有自周朝初年以来一直流传的对于《周易》卦象的解说，甚至包含有从更为久远的上古时代以来代代相传的对于八卦和六十四卦卦象的系统解说。

我们不妨再对韩宣子的话做一下分析。首先，既然《周礼》有"太卜掌三《易》之法"，则春秋《易象》自然是属于周礼的内容，而且是周礼之大者——鲁国藏有《易象》一书，适足可谓"周礼尽在鲁矣"！其次，既然周公是后代学者所相信的爻辞编纂者，即周公是周文王"拘而演《周易》"之后《周易》文本的最终定稿者，那么《易象》一书正可谓足以观"周公之德"！因为《易象》一书也是周公"立德"传世之书。最后，在周代，编纂史书是王者之事，鲁国有《鲁春秋》，恰好可以说是"周之所以王也"！可见韩宣子所感叹的三件事——与古史契合。

进一步来说,《周易》与《周礼》二者的最终编纂者都很可能是制礼作乐的周公旦,所以《周易》与周代礼仪制度具有不可分割的天然联系。

二、儒家经学《周易》古礼研究的主要缺欠辨析

《周易》古礼问题很早就被纳入儒学的研究范围内了,一般归于经学研究领域。《礼记》记载孔子曾经向老子请教关于礼仪的问题,这一方面说明以孔子为代表的儒家学者很早就对礼仪制度进行研究,另一方面也说明当时礼仪制度崩坏的迅速与彻底,造成了研究中的很多困难,以至于以孔子的聪明才智也多有不知。这就导致了在后代儒家学者的研究中,对《周易》古礼的解说就很有问题,或是不确切,或者说强不知以为知,很多并不足以信据。

最为关键的是,儒家经学《周易》古礼研究的研究态度和研究方法有问题。为了维护封建社会统治阶级的意识形态,儒家经学对封建社会的君权神授进行了不遗余力的辩护,为士大夫的愚忠培植道德力量和人格设定,从而使得《周易》古礼研究有了太多的义理阐发倾向,距离现代学术所要求的实事求是、公正客观

相距甚远。所以需要在新时期对儒家经学的《周易》古礼研究进行重新审视和检查。

《易传·系辞》有"圣人有以见天下之动,而观其会通,以行其典礼,系辞焉,以断其吉凶,是故谓之爻"。这是指明爻辞的文句中有很多仪礼内容,当然考虑到礼仪内容的丰富和多样,这种概括性的阐述实际上是在提醒我们准确理解爻辞的礼仪内容。《荀子·大略篇》也有一处涉及《周易》仪礼内容:"《易》之《咸》,见夫妇,夫妇之道不可不正也,君臣父子之本也。咸,感也。以高下下,以男下女,柔上而刚下。聘士之义,亲迎之道,重始也。"荀子这是针对于咸卦阐发夫妇之道,没有涉及具体卦爻辞。有学者指认这里所说的"亲迎"是婚礼,是"六礼"之中的最后一个礼节。[①]但是"亲迎"显然不是《周易》文本的内容,与《周易》本身也没有关系。

郑玄对泰卦六五爻辞"帝乙归妹,以祉元吉"的注释是:"五爻辰在卯春,为阳中,万物以生。生育者,嫁娶之贵仲春之月。仲春之月,嫁娶男女之礼,福禄大吉。"[②]一般认为,爻辰说是汉代学者发明的一种象数易学解说方法,这里直接用来解说

---

① 兰甲云编著:《周易卦爻辞研究》,湖南大学出版社2006年版,第184页。
② 参见惠栋:《新本郑氏周易》卷二。

六五爻辞，明显是牵强附会。郑玄是汉代礼学大家，这个例子在很大程度上说明：在传统经学的研究领域中，汉代儒家学者对于《周易》古礼问题的研究并非全部是在占有确切学术资料的情况下进行的，由于其主观性使得很多解说成了有时代特征的借题发挥，仅仅是一家之言。而且现在来看，郑玄所归纳的"吉凶宾军嘉"古代五种礼仪并不能够对纷繁芜杂的周礼给出一个恰当的总体分类，更不能够给《周易》古礼研究提供一个明确的研究思路。

直到近现代，儒家经学的古礼研究仍然停留在简单的枚举和分类，不够深入和完备，更不能够对古礼上的疑难问题提供有力的解释。比如刘师培《周易周礼相通考》中有"郊祀之礼见于《益》"，"见于《豫》"，"见于《鼎》"；"封禅之礼见于《随》"，"见于《升》"；"宗庙之礼见于《观》"；"时祭之礼见于《萃》"；"酬庸之礼见于《泰》"，"见于《归妹》"，"见于《咸》"，"见于《渐》"；"丧礼见于《大过》"，"见于《益》"，"见于《萃》"，"见于《涣》"，"见于《小过》"。至于"郊祀之礼"为什么会出现在某卦，其在某卦出现的准确意义为何，以及出现的各卦在内涵上的区别与联系为何，这些问题都没有得到任何回答。可见，这种枚举性的概述研究对于古礼确切含义的探究并没有帮助。

三、《左传》《国语》中的《周易》古礼内容钩沉

《左传》《国语》中有《周易》应用二十二例，其中记载了一些当时人们解说周代礼法的内容，以下就是比较明显的两方面内容：

（一）嘉礼的内涵及其卦象依据

嘉礼是郑玄所归纳的周礼五类之一。那么，嘉礼其内涵为何？《国语·晋语》之中的这一段话，为我们理解《周易》的古礼内容提供了新的素材：

> 众而顺，嘉也，故曰"亨"。

就是说，屯卦的上卦是坎，坎为众为顺，为嘉，所以是"亨"。那么首先第一个推论就是，"亨"是古代的嘉礼之一，而且是很重要甚至是最为重要的一个嘉礼。因为"亨"在《周易》曾经多次出现，而且大都是在很重要的几个卦的卦辞之中。

由此我们可以得出嘉礼的一个内涵：众与顺。既有人民得以利用，而且这些人民又非常顺从你的领导，这样一种情况就可以称之为"嘉"，即通俗所说的好上加好，不是加官晋爵，就是财

源滚滚。

屯卦卦象是"主雷与车,而尚水与众。车有震武,众顺文也。文武具,厚之至也。故曰'屯'",所以屯卦卦辞是:"元亨,利贞。勿用有攸往。利建侯。"可见,就屯卦而言,屯卦卦象、卦辞是以屯卦的八卦卦象之间的相互关系和具体取象作为直接依据和最终来源的,绝对不是没有根据的泛泛空谈。那么,第一个推论就是,"亨"是古代的嘉礼之一,其一个卦象依据就是坎。这个推论在某些卦辞之中得到了证明,当然也有反例。对于这些反例,至今找不到任何说明。对于这种情况的合理说明是:坎只是嘉礼的充分依据之一,不是必要依据。

(二)周代的等级制度及其日时搭配

《左传·昭公五年》有:

> 日之数十,故有十时,亦当十位。自王已下,其二为公,其三为卿。日上其中,食日为二,旦日为三。《明夷》之《谦》,明而未融,其当旦乎,故曰:"为子祀"。

春秋时代,人们的社会地位分成十个等级,即"十位":王、公、大夫、士、皂、舆、隶、僚、仆、台。其中,王是最高级，公是第二级，卿是第三级，所以说："自王已下，其二为公，其三为卿。"人的"十位"也和日的"十时"配起来，所以说十时"亦当十位"。杜预《左传》注有："日中当王，食时当公，平旦为卿，鸡鸣为士，夜半为皂，人定为舆，黄昏为隶，日入为僚，晡时为仆，日昳（孔疏："谓蹉跌而下也。"）为台。隅中（孔疏："隅谓东南隅也。"）日出，阙不在等，尊王公，旷其位。""旦日"（日初出时）的太阳比"日中"和"食日"低，居第三位，因此以第三级的卿大夫配"旦日"，所以说："日上其中，食日为二，旦日为三。"

《左传·昭公五年》中还根据以上的匹配方法来解释《周易》明夷卦变为谦卦的卦象，即明夷卦的下卦离日变为谦卦的下卦艮山，这象征着太阳初升但是被山遮住，并没有大放光明，这是"旦日"之象，所以说："《明夷》之《谦》，明而未融，其当旦乎！""旦日"与大夫相配，所以解说者认为初生的这个孩子穆子将继承其父亲庄叔的爵位，做大夫，奉叔孙氏的祭祀。所以说："为子祀。"

关于与"十时"相配比的人的"十位"的传世资料很少，但是从上文来看，不仅"十时"是一种通行的计时方法，而且"十位"也是一种通行的社会等级制度。

四、《周易》卦爻辞之中的具体礼仪内容考辨

与甲骨文、金文相类似，西周时期人们书写也极求精炼，所用名词与动词又往往都是单字，经常用寥寥几字就交代了很多事情。要比较清楚地释读，就要对其背后的文化背景有深入的了解。从《周礼》的记载来看，《周易》文字的很多内容应该是"八命"之占，其意义在于"以观国家之吉凶，以诏救政"，所以"国之大事，惟祀与戎"（《左传·成公十三年》）也应该在《周易》解说之中体现出来。除了《左传》《国语》《周礼》《诗经》之外，大小戴《礼记》《仪礼》以及《尚书》也是需要重视的文化典籍，它们对于我们了解《周易》文字背后的周朝礼乐文化很有帮助。

就卦爻辞中对礼仪活动的语言表达而言，还有一些值得注意的文化背景问题。比如从已经出土的《归藏》残简来看，《归藏》中的"卦辞"是诗一样的语言，言简义丰，意境优美。所以从这一点来看，在解说《周易》辞句时就不应该过分追求语句语义的连贯和与现代汉语的完全对照。既然《周易》中的语句言简义丰，我们就要忠实于原文，力求把原文的意思不多不少地表述出来。《周易》卦爻辞中的语句往往省略主语或者省略宾语，这是由卦象所决定的必然的表达方式。而且，以卦象为中心，卦象解

说必然要涉及不同的应用场合，需要针对占筮者所贞问的不同情况而选取合适的具体取象内容，这可能会导致卦爻辞之中卦象解说语句的重复，甚至是前后判词断语吉凶有所不同。有的卦名意义丰富，实在难以用现代汉语简明表述，所以就可以在卦爻辞的解说中把卦名保留着，让读者自己体会其多重意义。古代汉字一字多义的现象很普遍，有时候只有一种解释并不完全，几种解释加起来可能更加合理。所以，对于有些卦爻辞的解说不必遽然定于一尊，可以保留不同的解说甚至是相反的说法。

《周易》卦爻辞之中有很多的具体礼仪内容，往往都为后人所忽视。由于其资料缺乏，特别是受到流传至今的望文生义的一些既有解说的影响，其准确礼仪制度的内涵有必要在这里作出一番梳理和澄清，特别是以下一些条目值得我们进一步去讨论。

（一）"其血玄黄"是吉礼还是凶礼

坤卦上六爻辞是"龙战于野，其血玄黄。"这句爻辞历来就难以解说，分歧很大。

这句爻辞最早的解说是《文言·坤》中的"阴疑（凝）于阳必战，为其嫌于无阳也，故称'龙'焉。犹未离其类也，故称'血'焉。夫'玄黄'者，天地之杂也，天玄而地黄"。这种解说并不十分明确，且引发出很多问题难以解决。

大致而言，《坤》之《剥》的卦象是阴阳合和之象，而阳气由无到有出现在最上面的一个卦画，可以说是非常微弱，即"阴疑（凝）于阳"；从阴阳二气的态势来说，阴气占据优势，把阳气迫在最上，两者互相推挤，互相作用，所以说是"必战"。①所谓"为其嫌于无阳也，故称'龙'焉"，是说《坤》之《剥》的八卦卦象取象之中没有龙，但是实际上有阳气，为了避免"没有阳气"这种嫌疑，所以用龙来取象。因为卦象上还是阴气为主，是阴物一类，所以取象为"血"，即"犹未离其类也，故称'血'焉。"所谓"天玄而地黄"，是以乾为天为"玄"，以坤为地为"黄"。《九家集解》有坤"为黄"但是在《坤》之《剥》的八卦卦象里并没有乾。所以按照这种说法，还是一定要把"玄"理解为阳气，也就是"为其嫌于无阳也，故称'玄'焉"。

基于《周礼》《左传》等相关内容，试对此作出补充说明。

第一种可能，"其血玄黄"是吉礼。

《周礼·春官·大宗伯》有"以血祭祭社稷、五祀、五岳"，可见，"战"是争斗，"龙战于野，其血玄黄"是二龙争斗于野地，其血祭玄璜。血祭是祈吉的重大礼仪，所以"其血玄黄"是

---

① 《说卦》有："战乎乾，乾西北之卦也，言阴阳相薄也。"可见，阴阳二气相互作用，可以称之为"战"。另外，这里似乎也可以理解为是一个拟象譬喻：对龙这种秉持阳气而生的动物来讲，此时势孤力穷，所以挣扎战斗。

吉礼。

第二种可能，"其血玄黄"是凶礼。

"龙战于野"是龙这种动物的一种非正常状态，民间俗称困龙、坠龙，是龙在野地里垂死之象，所以是凶礼，即祈禳之礼。《左传·昭公十九年》有：

> 郑大水，龙斗于时门之外洧渊。国人请为禜焉，子产弗许，曰："我斗，龙不我觌也。龙斗，我独何觌焉？禳之，则彼其室也。吾无求于龙，龙亦无求于我。"乃止也。

公元前523年秋，郑国遭洪水，龙在国都门外的洧水之中打斗，国都的人请求为之举行禜祭（古代一种对于水灾和旱灾的祭祀）。子产不同意，说："我们人争斗之时，龙不出现。今龙争斗，我们为何要管它呢？洧渊是龙的住所，岂能以禳祀使它离开？我们对龙无所求，龙对我们亦无所求。"于是人们没有举行禜祭。

"以玄璜礼北方"，所以"其血玄黄"即"其血祭玄璜"，即可以解读为用玉器玄璜（玄黄）来举行血祭以平抑凶祸。

两种可能综合比较来看，"其血玄黄"是凶礼的可能性更大一些。

（二）"恒"礼

需卦初爻爻辞是"需于郊，利用恒，无咎"，含义是：需于郊礼，利于恒礼，没有灾祸。

恒，上弦月渐趋盈满的样子。《诗经·小雅·天保》有"如月之恒，如日之升"。但是在这句爻辞里的"恒"似乎是指一种祭祀典礼，如《周礼·司巫》有"司巫掌群巫之政令。若国大旱，则帅巫而舞雩；国有大灾，则帅巫而造巫恒。"这里的"巫恒"可能与月亮有关。另外，有学者认为卦名"需"即是这里的"雩"。关于"郊""恒"的具体情况有待继续研究。

从《周易》全文来看，"利用"连用共计十次，[①]后接祭祀、出征以及其他的礼仪活动，所以这里的"恒"应该是一种周代常见的礼仪活动。

（三）宾礼

观卦六四爻辞是：观国之光，利用宾于王。在《左传·庄公二十二年》的筮例中对《观》之《否》的卦象与卦辞都进行了详细的解说："'观国之光，利用宾于王。'代陈有国乎？不在此，其在异国；非此其身，在其子孙。光，远而自他有耀者也。《坤》，

[①] 靳极苍：《周易卦辞详解》，山西高校联合出版社1993年版，第43页。

土也。《巽》，风也。《乾》，天也。风为天于土上，山也。有山之材而照之以天光，于是乎居土上，故曰：'观国之光，利用宾于王。'庭实旅百，奉之以玉帛，天地之美具焉，故曰：'利用宾于王。'犹有观焉，故曰其在后乎。风行而著于土，故曰其在异国乎。若在异国，必姜姓也……"

由于"庭实旅百，奉之以玉帛，天地之美具焉"是君王之宾礼的主要物质载体，具体是如何八卦取象而来的，周史没有细说。这里笔者试着作出如下分析。

简单讲，乾为天，坤为地，否卦乾上坤下，所以就是"天地之美具焉"。

详细来讲，"庭实"是古代觐见的礼品，这似乎是从坤为"实"引申出来的取象，坤也是下文"地之美"的取象来源。"旅"是陈列；"百"是多，似乎可以从《说卦》中巽"为近利市三倍"的取象引申而出，也可以从乾为群的取象引申而出。"旅百"是（礼品）陈列很多。"旅"和下文的"奉"似乎都可以由《说卦》中巽"为入"的取象引申而出。《说卦》有乾"为玉"，坤"为布"，布帛相对而言，所以乾可以取象为"帛"。故乾在此可取象为"玉帛"，为"天之美"。

最后周史又观卦的卦名含义来讲，"犹有观焉"，这里似以"观"有"犹有"之意。

所以"观国之光,利用宾于王"的含义是:观瞻他国的光辉,利于举行君王的宾礼。这里的"观国之光"与后人常说的"观光"无疑差距极大。

(四)号礼

夬卦上六爻辞是:"无号,终有凶。"号,诏号、号令。《周礼》有"凡祀大神,享大鬼,祭大示,帅执事而卜日宿,视涤濯,莅玉鬯,省牲镬,奉玉齍,诏大号,治其大礼","若国大贞,则奉玉帛以诏号","凡其丧祭,诏其号,治其礼","辨六号:一曰神号,二曰鬼号,三曰示号,四曰牲号,五曰齍号,六曰币号"。可见,这里的"号"应该是指周礼中祭祀的重要内容,不可以解释为"号呼"。

(五)皮革装饰之礼

革卦九五爻辞是:大人虎变,未占有孚。"虎变",以及下文出现的"豹变",可能都隐指皮弁,即古人战争或狩猎时候戴的皮帽,而这些皮帽的种类也是礼仪的重要内容。《白虎通·绋冕》有"皮弁素积","征伐田猎,此皆服之"。《公羊传》何休注认为"皮弁,武弁"(《宣公元年》),"礼,皮弁以征不义,取禽兽行射"(《昭公二十五年》)。但是闻一多先生另有解说:"虎变豹变,犹言虎文豹文",即虎皮花纹、豹皮花纹,"大人虎变"也就是《礼记·玉藻》之中的"君车以虎皮为饰",下一句爻辞之中的"君子豹变"也就是《礼记·玉藻》所说的"大夫士车以豹皮为饰"。① 此说简近,根据牢靠,从之。特别值得注意的是,对于这两句爻辞,《象》的解释分别是"大人虎变,其文炳也"和"君子豹变,其文蔚也",可以作为有力的辅助说明。

所以"大人虎变,未占有孚"这句爻辞的含义是:大人虎纹饰车,尚未占卜已经有孚信。

对应的革卦上六爻辞是:"君子豹变,小人革面(鞔)。征凶,居贞吉。"闻一多认为"面读为鞔","革鞔即车之以革为覆者",并认为"小人革面"中的"小人"是附属于士大夫的"士"。② 此说简近有据,从之。

面,向。《列子·汤问》有"北山愚公者,年且九十,面山而居。"王引之《经义述闻》卷一云:"《广雅》曰:'面,乡(向)也。'革面者,改其所乡(向)而乡(向)君也。""革面者,改其所乡(向)",这种解说可以备考。

闻一多先生认为在这句爻辞里:"面"应做"鞔","革鞔"

---

① 闻一多:《周易义证类纂》,载于蔡尚思主编:《十家论易》,岳麓书社1993年版,第509—510页。
② 闻一多:《周易义证类纂》,载于蔡尚思主编:《十家论易》,岳麓书社1993年版,第510页。

是士之车驾的装饰，即《周礼·巾车》之中的"革路，鞔以革而漆之，无他饰"，"小人谓士卒，士也"。① 此说根据确实，从之。

所以"君子豹变，小人革面"这句爻辞的含义是：君子豹纹饰车，小人皮革饰车。

（六）豚鱼之祭礼

中孚卦的卦辞是："豚鱼，吉。利涉大川，利贞。"因为兑为弱为小，所以可以取象为"豚"。巽为"鱼"。《说卦》有"巽为木"，为舟，有舟楫涉渡之利，所以"利涉大川"。兑、巽都是阴卦，上下相应，所以是"吉"，"利贞"。

豚，小猪。小猪和鱼是常有的食品或祭品。王引之《经义述闻》卷一"豚鱼吉"条云："豚鱼者，士庶人之礼也。……《楚语》：'士有豚犬之奠，庶人有鱼炙之荐。'《王制》：庶人'夏荐麦，秋荐黍'，'麦以鱼，黍以豚。'豚鱼乃礼之薄者，然苟有中信之德，则人感其诚而神降其福，故曰：'豚鱼吉'，言虽豚鱼之荐亦吉也。"② 实际上是说用小猪和鱼祭祀吉祥。

所以中孚卦的卦辞的完整意思是：用小猪和鱼举行祭祀之

---

① 闻一多：《周易义证类纂》，载于蔡尚思主编：《十家论易》，岳麓书社1993年版，第510—511页。
② 《楚语》为《国语·楚语》，《王制》为《礼记·王制》。

礼，吉祥。利于涉渡大河，利于贞问。

五、结　语

在二十一世纪的今天，我们研究中国古代思想文化，要有科学的探索精神，应该实事求是地对研究对象进行深入考察，这是二十世纪古史辨派研究留给我辈学人最大的精神遗产。无论是打破框架还是创立新说，我们的易学研究宗旨是要"求真"，而不是为了"求异""求新"，我们即使有了"异""新"的材料、内容、观点或方法，其根本目的还是为了"求真"。作为从西周初年一直流传下来的古代典籍，《周易》之中必然包含着许多西周时期的具体礼仪内容。但是，把这些礼仪内容恰如其分地解读出来就不是很容易的事情。本着严格考据的研究方法，本文首先对历代《周易》古礼研究进行一番回顾，特别是对其中的研究前提和研究方法进行讨论，接着指出在《周易》卦爻辞所记载的礼仪之中，一些至今可能仍被后人误解、误读之处，如果能够对这些误解和误读进行一定程度的澄清，那么本文的写作目的也就达到了。

［作者系上海社会科学院哲学研究所助理研究员］

图书在版编目(CIP)数据

佛教与儒家礼仪论集. 第一辑 / 夏金华主编. —— 上海：上海社会科学院出版社，2020
 ISBN 978-7-5520-3038-9

Ⅰ.①佛… Ⅱ.①夏… Ⅲ.①佛教—礼仪—中国—文集 ②儒家—礼仪—中国—文集 Ⅳ.①B945-53 ②K892.9-53 ③B222.05-53

中国版本图书馆 CIP 数据核字(2020)第 047170 号

佛教与儒家礼仪论集（第一辑）

主　　编：夏金华
责任编辑：温　欣
封面设计：璞茜设计-王薯聿
出版发行：上海社会科学院出版社
　　　　　上海顺昌路 622 号　邮编 200025
　　　　　电话总机 021-63315947　销售热线 021-53063735
　　　　　http://www.sassp.cn　E-mail:sassp@sassp.cn
照　　排：南京理工出版信息技术有限公司
印　　刷：江苏凤凰数码印务有限公司
开　　本：890 毫米×1240 毫米　1/32
印　　张：6.5
插　　页：1
字　　数：117 千字
版　　次：2020 年 5 月第 1 版　2020 年 5 月第 1 次印刷

ISBN 978-7-5520-3038-9/B·275　　　　　　　　定价：48.00 元

版权所有　翻印必究